實戰智慧館　455

看準位置，只賺不賠

掌握投資 11 大關鍵理論，買股不受傷

郭 泰　著

實戰智慧館 455

看準位置，只賺不賠
掌握投資 11 大關鍵理論，買股不受傷
（原書名：這樣買股，不會受傷）

作　　者——郭泰

副 主 編——陳懿文
封面設計——Javick
行銷企劃——盧珮如
出版一部總編輯暨總監——王明雪

發 行 人——王榮文
出版發行——遠流出版事業股份有限公司
　　　　　104005台北市中山北路一段11號13樓
　　　　　郵撥：0189456-1
　　　　　電話：（02）2571-0297　　傳真：（02）2571-0197
著作權顧問——蕭雄淋律師

2012 年 1 月15日　初版一刷
2022 年 3 月20日　二版五刷
定價——新台幣 480 元（缺頁或破損的書，請寄回更換）
有著作權‧侵害必究（Printed in Taiwan）
ISBN　978-957-32-8295-2

ylib—遠流博識網

http：//www.ylib.com　　E-mail：ylib@ylib.com

國家圖書館出版品預行編目（CIP）資料

看準位置，只賺不賠：掌握投資 11 大關鍵
　理論，買股不受傷／郭泰著. -- 二版. --
　臺北市：遠流，2018.06
　　面；　公分. --（實戰智慧館；455）
　ISBN 978-957-32-8295-2（平裝）

　1.股票投資　2.投資理論

563.53　　　　　　　　　　107007331

看準位置，只賺不賠

掌握投資 11 大關鍵理論，
買股不受傷

第 一 章　價值理論　　　　　　　　　37

價值理論的真諦就是在崩盤時買進物超所值的高殖利率績優股。
採行價值理論買股，切記算算每年配息之後複利的驚人效益。

第 二 章　循環理論　　　　　　　　　53

股價永遠在上漲與下跌之間循環不已，漲久了就會跌，跌久了就會漲。
聰明的投資人就懂得在循環中找到恰當的買賣點。

第 三 章　位置理論　　　　　　　　　71

進入股市前，你一定要先知道大盤目前所處的位置：底部？中部？頭部？
底部時買進，中部時等待，頭部時賣出。操作股票就是這麼簡單。
切記，閱讀本章之前，請先好好讀一讀本書之前言。

讀通 11 大理論，
幫你在股市趨吉避凶

陳忠慶 ｜ 前群益投信總經理、中國多家基金公司顧問

我在雜誌專欄曾談到投資找資訊要當心被專家、名嘴和臉書誤導，並指出真正有實力的資金操盤手根本不會拋頭露臉，寧可躲在大家看不見的地方自己揮灑。

結果有讀者來信希望我能「多方穿針引線」，他希望能在這類「能人」門下求藝，做到「有為者亦若是」。

從來信內容可看出來，這位讀者如果有投資股票，應該就是一名標準的散戶，平日忙於工作，只能利用閒時閒錢多少買賣些股票。

所謂散戶，是上個世紀 80 年代在台灣證券投資圈

常被提及的股市用語，早期是與大戶相對，指手上資金不多的個人投資者，後來則與機構投資者（如外資、投信、政府基金等三大法人）相對，泛指所有個人投資者（不論錢多錢少）。在大陸，又有「股民」之稱。

散戶的六大通病

我在金融投資圈內打滾已超過 30 年，若以我們圈內的專業標準來看散戶，這些股市裡的螞蟻雄兵通常具有以下特點：

一、專業投資所需的資金、時間及專業知識技能常無法同時具備。

二、每個人的資金有限，不足以主導市場走勢及個別股票行情，但資金總量對經濟、股價仍有推波助瀾的作用。

三、如香港「平民股神」老曹說，散戶還有恐懼與後悔的毛病，恐懼讓他們不敢在低價買進，後悔讓他們不肯停損，長抱「衰股」，越賠越多。

四、感情用事重於理性分析，往往形勢已變還不知調整看法。

五、喜歡聽別人的看法，自己沒能力做研究分析及驗證傳言、走勢及價格變化。

六、常受過去經驗宰制，投資某類股、個股賺過錢或賠錢，就以為這（些）類股個股是值得追逐或棄絕的標的，造成投資迷信。

若與專業的機構投資人相較，機構在買進一支股票前，要對該股做長時間的研究、調查、分析，訂定周密的計畫，並等各項市場指標調整到位，才循序漸進行動；散戶往往是看看電視螢幕或聽聽「專家」的說法，三、五分鐘就可決定進出。

機構用幾億、十幾億元買一支股票，散戶用幾萬、十萬、幾十萬元做十幾支股票。機構一支股票投資一年甚至數年，散戶一支股票投資數週甚至幾天。機構一年買賣幾支股票，散戶一年進出幾十支股票，甚至破百。

機構會集中資金打殲滅戰，散戶喜歡買多支股票

分散投資，結果賺賠相抵，最終還賠錢。機構會發掘冷門股，然後炒熱賺錢；散戶喜歡熱門股，由熱握冷賠錢。

散戶成為股市多數的賠錢者

也因此，散戶就成為股市「八十二十法則」（20%的人賺錢，80% 賠錢）的多數賠錢人。面對這樣的散戶來信，我要怎麼回應呢？我以電話和他聯繫上，告訴他專業操盤手的工作就是操盤，他們不會收徒授藝，散戶要自求多福，自己學習求精進，自己去掌握財經情勢、市場走勢，慎選買賣時點與標的。

他回說，很多散戶根本有如股市文盲，怎可能做到一切自己來，這時我想到老友郭泰的投資系列專書，強調必須自己先花時間精神自修學習，先學會看懂或聽懂媒體或專家在談論市場或各股的情勢判斷、趨勢推斷，市場走勢及個股研析，這時郭泰兄的《股市實戰 100 問》和《股市操作 100 訣》就是最佳入門書。

接下來就是找金融機構取得相關資訊，我覺得投

信（正式名稱為證券投資信託公司，及一般所稱基金公司）是較適當的對象，因為它們屬於所謂三大法人之一，手上資金以兆元計，在市場中進出頻繁，交易量龐大，它們怎麼看市場買賣那些股票，是很好的參考指標。

最重要的是，投信是三大法人中散戶唯一可以接觸到的機構投資人，你可以登門表示想買它們的基金或有意加碼投資，它們都很願意派專人為你解析市場情勢及可考慮投資哪些標的。如果你已學會看懂或聽懂對方提供的資訊，必然會有大收穫。

接下來我告訴這位讀者，從基金的季報或年報也可以看到基金的持股，尤其是長期持股，如果基金長期績效良好，它（們）的持股就是很好的投資參考。

另外，基金公司網站也常有市場資訊，應時的投資建議，不定時推出的專題探討，常常還會舉辦投資說明會或投資展望研討會，這些都是取得資訊可幫助投資的好管道。

所以我建議先買基金，先和投信打交道，等自己有較充分準備，並設法克制前述的散戶種種特點及毛

病，就可以自己做股票了。

跟著大師的研究，解除你的投資困惑

所謂較充分準備，指股票從投資相關專業知識技能的學習及充實，郭泰的投資系列書是最佳的自我學習教材，從完全不懂股票開始，可以循序漸進自求精進。

尤其是郭泰兄新推出的專著《看準位置，只賺不賠》，再進一步提供了要在股海爭戰致勝賺錢的完整理論依據，還可讓投資人強化在市場中的獨立作戰能力。

這是郭泰花 10 個月時間研讀 20 本股市投資經典名著後，將所整理出來的 11 個實用的投資理論彙整成書的新著。有這些理論做為指引，已經可以去除或解決我們在進行實際投資時所遭遇的困惑或問題。

例如，現在可以進場買股票嗎？我們關心的是現在是市場高點還是低點？進場會不會被套牢？未來走勢有利於買進嗎？透過「循環理論」和「位置理論」就可判斷進場時機和適當的買賣點。

另外，常有人在買股票時擔心是不是買貴了，還有上漲空間嗎？這可以用「價值理論」來衡量，不僅可研判股價高低，還可進一步盤算配息在內的實質獲利能力。

　　過去我就曾指出，郭泰兄寫投資相關專書，是為需要而寫，因為相對於金融圈內的操盤手而言，他也是散戶，會需要較專業的指引和參考。但最令我欽佩的是，他不是只找一些相關論著來研讀參考而已，他會深入剖析並融會貫通，並整理出實用的投資法則或操作策略，這本談理論的新作也一樣，是綜合了諸多大師級的投資理論及操作法則，加上親身投資體驗所彙整出來的投資操作指引，融合理論與實際，對散戶甚至業內操盤手都深具實用價值。

　　投資不外將本求利，希望透過趨吉避凶、減少錯誤而做到能有獲利，郭泰在書中所提供的 11 種理論確能發揮這樣的效用，值得一讀再讀，多加運用。

推薦文一

學習投資大師的智慧，買股不再受傷

99 啪｜財經作家

郭泰先生的《看準位置，只賺不賠》是他的經典大作《這樣買股，不會受傷》全新修訂版，作者自述他過去長期在股海浮沉，直到 50 多歲下定決心，花了 10 個月苦讀 20 本股市經典名著後，終於融會貫通，進而結合實務經驗，淬鍊出 11 個最重要的投資經典理論。

當我看完書稿後，除了佩服作者歸納整理、深入淺出的功力外，也頗有共鳴，因為書中提過的經典名著我大部分都讀過。同時，我也經歷過類似作者的學習過程。

股市門派多，無所適從

30 歲才初入股市，剛開始就賠光本金，一直都是在股海中不斷受傷的菜籃族。直到某次意外後痛定思痛，開始大量閱讀財經名著，廣泛學習理財知識，才逐漸找到股市生存之道，達到穩定獲利的目標。

所以我相信，只要讀者有足夠的決心跟毅力，確實有機會在短時間內，透過有系統的閱讀，掌握到投資最重要的觀念及原則。

只不過，面對股市各種門派學說，彼此間常大相逕庭，甚或互相矛盾，初學者剛開始入門，難免會覺得眼花撩亂，無所適從。

隨便舉個例子，比如面對投資要不要「加碼攤平」，股神華倫・巴菲特（Warren Buffett）就主張：「危機入市，逢低攤平。」「當別人貪婪時我恐懼；當別人恐懼時我貪婪。」但成長股投資大師威廉・歐尼爾（William J. O'Neil）卻告訴我們：「『攤平』是一種可能造成嚴重虧損的業餘策略。」

又或是研究股市該用技術分析或基本分析，著名

的商品大王吉姆・羅傑斯（Jim Rogers）就持否定看法，表示從未碰過有錢的技術分析師。但最傳奇的冠軍交易員馬蒂・史華茲（Marty Schwartz）卻對這個說法嗤之以鼻，表示他花了 9 年研究基本分析卻徒勞無功，最後還是得靠技術分析才賺到大錢。

活用投資工具，貴在時機掌握

同樣的，當讀者讀完本書後，運用在實務上，或許也可能產生類似的疑問，比如碰到股價下跌時，究竟是要使用書中人棄我取、人取我與的「棄取理論」，抑或是即時認錯、快速出場的「停損理論」？碰到選股操作時，究竟要採取低買高賣、重視安全邊際的「價值理論」，抑或是買高賣更高、賣低賣更低的「順勢理論」？

我在這邊補充一些個人經驗給大家參考，因為這些疑問都曾出現在我的學習過程中，後來是藉由不斷的摸索與實證，才能從各門派中截長補短，找到適合自己的投資方法。

其實在我眼中，這些都只是投資的工具或方法，

沒有對錯，只有使用時機的差別，比如順勢或逆勢操作，我會視標的特性採取不同的策略，其中「價值動能投資法」就是藉由挑選優質的中小型價值股，透過其波動較高的特點，進行動能操作，創造超額報酬；而「價值回歸投資法」則是挑選大範圍的 ETF 或大型龍頭權值股，利用均值回歸的原理進行逆勢操作，賺取穩健報酬。

　　前者對應到書中，就是採取「價值理論」、「籌碼理論」、「順勢理論」、「停損理論」，後者是書中的「循環理論」、「棄取理論」、「抱股理論」等。所以從這裡讀者可以發現，雖然名稱巧妙各有不同，但背後原理都是相通的。本書實已囊括大多數重要的投資理論，但重點是，大家在研讀過程中仍需將書中內容不斷反芻思考，靈活運用在自己的投資體系中，才能發揮最大的效用。

吸取經典智慧，買股不再受傷

　　最後，引用巴菲特曾形容合夥人蒙格（Charlie Munger）的話：「他用思想的力量，讓我從猩猩進化

到人類，否則我會比現在窮得多。」同樣的，散戶想要成為股市的常勝軍，最重要的就是培養獨立判斷的思考能力，透過廣泛的閱讀，不斷充實理財知識。而這本書《看準位置，只賺不賠》就是一個非常值得推薦、可以幫助投資人進化的最大利器。

因為藉由作者在書中濃縮的投資智慧、整理的 11 大理論及實戰經驗分享，讀者看完後，等於一次吸收 20 本股市經典名著的精華，就像站上巨人的肩膀，可以在投資的道路上看得更高、走得更遠。只要大家能熟讀書中內容，再內化為自己的投資心法及技巧，我相信一定可以跟作者一樣，學習投資大師的智慧，掌握股市獲利的關鍵，買股不再受傷。

推薦文二

讀郭泰這本書，
買股不會受傷

杜金龍｜資深證券分析師

在電視上眾多的「談股論金」節目上，你幾乎看不到《看準位置，只賺不賠》這本書的作者郭泰兄的身影。事實上，郭兄研究股票的年資已有四分之一個世紀之久，早在十多年前他就開始將研究心得撰寫成書，陸續出版過《股票操作 100 訣》、《股市實戰 100 問》等書。

2010 年，他更一鳴驚人地，將歷年的私房心血和股票的實際操作經驗，寫成《逮到底部，大膽進場》一書，教讀者如何利用 11 個市場訊號，準確逮到股市底部，並順利賣在頭部。

現在，郭兄更進一步讓我們知道，到底他是如何

學會相關股票知識，以建立起扎實的股市理論基礎。

在自序〈「等」的哲學〉一文中，郭兄有一段十分有趣的描述。原來 2005 年間，郭太太的一句天真問話：「你可以把王永慶研究得那麼透徹，股票為什麼沒有辦法？」讓郭兄如大夢初醒般，下決心將所有相關書籍文獻從頭研讀，而於 59 歲那一年，達到融會貫通的境界，因而整理出 11 個最重要的方向，分別是：價值理論、循環理論、位置理論、時間理論、籌碼理論、棄取理論、順勢理論、停損理論、抱股理論、主力理論以及選股理論。

而其中的位置理論，是郭兄自己的獨有創見。

讀完了《看準位置，只賺不賠》這本書之後，深覺無論是剛要開始進行投資理財的年輕人，或者是已經在股市進出一段時間的朋友——特別是受過傷的——都應該來讀一讀郭兄這本書。然後你就知道如何買股而不受傷，那樣你才有機會應用你的耐心，逮到底部時，大膽進場，勝券在握！

推薦文三
股市達人的投資基本功

林宏文｜《今周刊》顧問、財經節目主持人

股票投資是一項很普遍的投資方式，但卻從來不是一件簡單的事，因為股市充滿了各種變數，要在股海茫茫中獲利致勝，實在是談何容易。許多人窮極一生研究投資，最後還是敗給市場、認輸退場。

更令人迷惘的是，坊間許多談投資觀念的書，不見得能切中重點，似是而非的觀念，到處充斥的消息、明牌與雜音，不斷干擾投資人的判斷與決策。

郭泰先生這本書《看準位置，只賺不賠》，整合出最基礎的 11 大理論，歸納出股票投資的基本觀念，讓投資人熟悉股市的生態與規律，並且能夠化繁為簡、舉一反三，是一本淺顯易懂的股市操作入門書，值得推薦給大家。

自序

「等」的哲學

這本書所記錄的，是我花 10 個月苦讀 20 本股市經典之後，深刻體悟出 11 個經典理論的精粹，最後打通投資任督二脈的經過，因此非常樂意提出來與投資大眾分享。

說來慚愧，我今年 72 歲，在台灣的股齡長達 30 年，但我前後於股市跌跌撞撞 18 年之後，才在 13 年前、亦即 59 歲時悟透了股票這一門學問。

2005 年 3 月，當我寫完《王永慶給年輕人的 8 堂課》時（當時我已經寫了 3 本有關王永慶的著作），有一天老婆突然冒出一句：「你可以把王永慶研究得那麼透徹，股票為甚麼沒有辦法？」

那一剎那，我愣住了。老婆說得對極了，我跟王

永慶素昧平生，憑一己之力苦讀數百萬字的文獻資料，深入抽絲剝繭，經過歸納與分析，再從他的人生奮鬥、經營管理、成功祕訣等不同角度切入，終於寫出了《王永慶奮鬥史》、《王永慶的管理鐵鎚》、《王永慶給年輕人的 8 堂課》等 3 本叫好又叫座的書（後來我陸續又寫了《王永慶給經理人的 10 堂課》、《王永慶經營理念研究》，一共是 5 本）。為什麼股票就沒有辦法呢？

不！一定有辦法。

根據我研究王永慶的經驗與心得，要弄懂一門學問最扎實、最有效的方法，莫過於研讀與它們有關的資料和經典，那麼，究竟哪些書籍是股票的有用資料與經典呢？最正確的方法，當然是去請教一些有操盤經驗的專家。

經過上網搜尋，我發現《Smart 智富月刊》曾經在 2003 年 9 月製作一個名叫「花 3000 元讀經典，學賺千萬財富」的專題，教導投資大眾如何閱讀股市的經典，向大師學習賺錢智慧。《智富月刊》邀請台灣30 多位有操盤經驗的專家（包括杜金龍、陳忠瑞、毛

仁傑、黃偉杰、林群、呂宗耀等名家）票選出十大必讀之股市經典如下：

一、安德烈·科斯托蘭尼（André Kostolany, 1906-1999）的《一個投機者的告白》（*Die Kunst über Geld nachzudenken*）

二、埃德溫·勒菲佛（Edwin Lefévre, 1817-1943）的《股票作手回憶錄》（*Reminiscences of a Stock Operator*）

三、伯頓·墨基爾（Burton G. Malkiel）的《漫步華爾街》（*A Random Walk Down Wall Street*）

四、彼得·林區（Peter Lynch）與約翰·羅斯查得（John Rothchild）的《彼得林區選股戰略》（*One Up on Wall Street*）

五、彼得·林區與約翰·羅斯查得的《彼得林區征服股海》（*Beating the Street*）

六、羅伯特·海格斯壯（Robert G. Hagstrom, Jr.）的《值得長抱的股票 巴菲特是這麼挑的》（*The Warren Buffett Way*）

七、是川銀藏（1897-1992）的《股市之神是川銀藏》

八、愛德華・錢思樂（Edward Chancellor）的《金融投機史》（*Devil Take the Hindmost: A History of Financial Speculation*）

九、羅伯・愛德華（Robert D. Edwards）與約翰・麥基（John Magee）的《股價趨勢技術分析》（*Technical Analysis of Stock Trends*）

十、馬克斯・甘特（Max Gunther, 1927-1998）的《蘇黎士投機定律》（*The Zurich Axioms*）

於是，我就以這 10 本書為藍本，再參考財訊出版社 2000 年出版的《一次讀完 25 本投資經典》一書之書單，加入下列 4 本經典：

十一、班傑明・葛拉漢（Benjamin Graham, 1894-1976）的《智慧型股票投資人》（*The Intelligent Investor*）

十二、喬治・索羅斯（George Soros）的《超越指數》（*Soros on Soros: Staying Ahead of the Curve*）

十三、維特・施伯倫（Victor Sperandeo）的《專
業投機原理》（*Trader Vic: Methods of a Wall Street Master*）

十四、菲利普・費雪（Philip Arthur Fisher, 1907-
2004）的《非常潛力股》（*Common Stocks and Uncommon
Profits and Other Writings*）

最後，我再加入幾年來四處拜師上課時的 1 本上
課講義，以及幾位老師所推薦的 5 本經典：

十五、艾略特（Ralph Nelson Elliott, 1871-1948）
的《艾略特波動原理精義》（上課講義）

十六、孟提（Lawrence Monti）的《艾略特波浪
理論》

十七、江瑞凱的《波浪理論解析——以台灣股市
為例》

十八、司馬遷的《史記・貨殖列傳》

十九、威爾斯・威爾德（Welles Wilder）的《亞
當理論》（*The Adam Theory of Markets or What Matters
is Profit*）

二十、傑西‧李佛摩（Jesse Livermore, 1877-1940）
的《傑西‧李佛摩股市操盤術》（*How to Trade in Stocks*）

20 本書單確立之後，再來就是閉門苦讀，雖然其
中有部分書籍早已熟讀過，但為了能夠融會貫通，決
定逐一重讀，若干艱澀新書更是一讀再讀，因此進度
很慢，平均大約 2 週才讀完 1 本，幾乎花了 10 個月才
把 20 本經典讀完。坦白說，剛開始讀，沒什麼感覺，
可是在持續半年之後，效果緩緩呈現：價值理論、循
環理論、位置理論、時間理論、籌碼理論、棄取理
論、順勢理論、停損理論、抱股理論……等重要概念
逐漸在腦海中浮現，這就是本書 11 個章節的由來。
（極力建議讀者和我一樣也苦讀一番，說不定有驚人
的收穫。）

嚴格來說，本書原是我在苦讀修鍊時的心得與筆
記，為了成書特地增補，加入 2006 至 2018 年的台股
實例，以符合時效，提高可讀性。

在苦讀過程中，若干投資大師給我一個深刻的印
象：擅長用簡單的話語說明複雜的道理。見賢思齊，

本書中的 11 個理論，筆者也嘗試用幾句話去解說，希望能產生畫龍點睛的效果。

一、**價值理論**：其真諦就是在崩盤時買進物超所值的高殖利率績優股。採行價值理論買股，切記算算每年配息之後複利的驚人效益。

二、**循環理論**：股價永遠在上漲與下跌之間循環不已，漲久了就會跌，跌久了就會漲。聰明的投資人就懂得在循環中找到恰當的買賣點。

三、**位置理論**：進入股市之前，你一定要先知道大盤目前所處的位置：底部？中部？頭部？底部時買進，中部時等待，頭部時賣出，操作股票就是這麼簡單。

四、**時間理論**：股價的修正除了空間波，就是時間波。時間理論即是探討時間波修正的學問，它能協助投資人準確逮到頭部與底部。

五、**籌碼理論**：籌碼就是成交量。成交量是用銀彈堆砌起來的，所以最真實，不會騙人。它能有效地協助投資人找到頭部與底部。

六、**棄取理論**：在股市裡大家都知道要反市場操作，亦即人棄我取、人取我與，這個道理很簡單，但知易行難，大多數人都做不到。

七、**順勢理論**：股價走多頭行情時做多，走空頭行情時做空，順勢理論就這麼簡單。難的是，你必須有能力去研判目前是走多頭還是走空頭。

八、**停損理論**：股票是高風險的投資，萬一你買錯了方向，只有設下停損並嚴格執行，才能平安地把自己帶出場。

九、**抱股理論**：抓底不難，抱緊最難。投資人在底部買進的股票，一定要緊抱不放，直到大波段走完再出脫，這樣才能賺到倍數的利潤。

十、**主力理論**：股票若沒主力的拉抬不會飆漲，不論主力是外資、投信，還是公司派、業內，你都必須洞悉他們的心態與手法，才不會被他們玩弄於股掌之間。

十一、**選股理論**：股票是投資工具，也是投機工具。投資者愛績優股，投機者愛投機股，投資與投機並存於股市，分工互補，缺一不可。

　　拉拉雜雜說了這麼多，其實我平常看盤與操盤用到的也僅僅是循環理論、位置理論以及抱股理論而已。我知道股價永遠在漲跌之間循環不已，我會很有耐心地等待股價來到底部區（譬如說 2008 年 11 月的 3955 點），我就挑選幾支股票大膽分批買進，然後緊抱持股，耐心等到股價循環走到第三波（主升段）的高點附近（譬如 2015 年 4 月的 10014 點）。當發現月 KD 交叉向下形成死亡交叉（發生在 2015 年 6 月），我就毅然出脫持股，獲利了結。而後，空手四處旅行，耐心地等待下一個循環底部區的到來。總結來說，就是「等」的哲學。

　　以上就是筆者撰寫本書的心路歷程，是為序。

郭泰

2011 年 12 月 1 日初稿

2018 年 2 月 28 日修訂

前言
跟著位置理論走，
買股不受傷！

位置理論是我的創見，它是指投資人在投入股市之前，一定要先弄清楚股價目前所處的位置，究竟在底部？中部？或頭部？股價若在底部，大膽買進；處在中部，耐心等待；處在頭部，果斷賣出。若沒搞清楚股價所處的位置就隨意出手，必定會被修理得體無完膚。

　　位置理論中的底部、中部以及頭部的位置要如何研判？我打算藉著本書之〈前言〉，用艾略特波浪理論中的八波段走勢做一詳細解說。

　　我們首先了解一下波浪理論，請參閱圖1，股價在一個完整的走勢中，會呈現有如波浪般的八個波段

圖 1　艾略特八波段的完整走勢

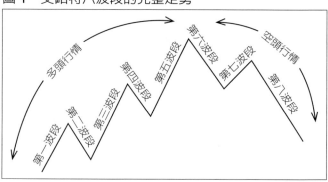

走法，前面五個波段是多頭行情，而後面的三個波段
是空頭行情。

　　在多頭行情的五個波段中，第一波段（初升
段）、第三波段（主升段）、第五波段（末升段）是上
升走勢，而第二與第四波段是回檔整理。在空頭行情
的三個波段中，第六波段（初跌段，又叫 A 波）、第
八波段（主跌波，又叫 C 波）是下跌走勢，而第七波
段（又叫 B 波）是反彈整理。

　　同樣是艾略特八波段的完整走勢圖，我們把每個
波段的名稱都拿掉，並在各個波段的高低點位置標上

圖 2　艾略特八波段的完整走勢

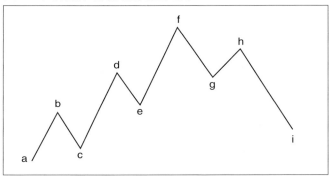

a、*b*、*c*、*d*、*e*、*f*、*g*、*h*、*i* 等九個英文字母，於是出現了圖 2：

位置理論的九個位置

比照圖 1 與圖 2，就可得出下面的結果：

一、*a* 是一個完整循環多頭行情的起漲點，也是此循環第一波段的起漲點，亦即底部。

二、*b* 是第一波段的最高點，也是第二波段的起跌點。

三、*c* 是第二波段的最低點，也是第三波段的起

漲點，亦即次低點，亦屬底部。

四、d 是第三波段的最高點，也是第四波段的起跌點。

五、e 是第四波段的最低點，也是第五波段的起漲點。

六、f 是第五波段的最高點，亦是此波多頭行情最高點，亦即頭部。同時，它也是第六波段（俗稱 A 波）的起跌點，亦是空頭行情的起跌點（我的朋友「賢哥不錯」藝高膽大，他選擇賣在 f 點）。

七、g 是第六波段的最低點，也是第七波段（俗稱 B 波）之反彈起漲點。

八、h 是第七波段的最高點，也是第八波段（俗稱 C 波）之起跌點（只有中段高手有能力放空在 h 點，請參閱《逮到底部，大膽進場》第一章）。

九、i 是第八波段的最低點，也是此一完整循環空頭行情的止跌點。同時，它又是另一個完整循環多頭行情的起漲點（可以說，i 相當於另一個新循環的 a）。（只有中段高手有能力買在 i 點，請參閱《逮到底部，大膽進場》第一章。）

位置理論的買點

　　一、從圖 2 可以清楚研判出，a 與 c 才是好買點。a 是起漲點，是底部，為最佳買點；c 是第二波段最低點，也是多頭行情整個波段的次低點，亦屬底部（我常買進的兩個點）。

　　二、或許有人說 e 是買點，因為可獲取 e 到 f 的漲幅。問題是，並非每次多頭行情都會走五個波段，若只是走三個波段，那麼買在 e 點就會有風險（這也是我為何放棄 e 買點的緣故）。

　　三、或許有人說 g 亦是買點，因為可獲取 g 到 h 的漲幅。別忘了！g 到 h 乃是 B 波反彈，為反彈逃命波，除非藝高膽大，否則很少人會在反彈逃命波裡做多（我絕對不會在 g 處做多）。

位置理論的賣點

　　一、從圖 2 可以清楚看出，f 是最佳賣點。f 是第五波段的最高點、此波多頭行情最高點，亦即頭部，當然也是最佳賣點（只有高手中的高手，才有能力賣

在 *f* 點）。

二、*d* 雖然不是最佳賣點，卻是最穩當的賣點，此話怎講呢？因為萬一那波多頭沒走五波段行情、僅走三波段行情的話，*d* 就變成最高點了。因此，*d* 才是最穩當的賣點（我最喜歡賣在 *d* 點，因其既沒風險，又有賺頭）。

三、*h* 是最佳空點。請留意，*f* 並非最佳空點，股價走到 B 波反彈的高點 *h* 時，空頭行情確立，故 *h* 才是最佳空點（高手放空在 *h*，不會放空在 *f*；放在 *f*，有被軋風險）。

四、*d* 與 *f* 是用來賣股，而 *h* 則是用來放空。

結論

一、*a*、*c*、*i*（新循環的 *a*）均屬底部。

二、*d*、*f*、*h* 均屬頭部。*f* 是典型的頭部，廣義而言，*d* 與 *h* 亦是頭部。

三、其他區域均屬中部。

四、請遵照「底部買、頭部賣、中部等」的鐵律來操作股票，這樣就不會再受傷。

第一章

· ·

價值理論

價值理論的真諦就是
在崩盤時買進物超所值的高殖利率績優股。
採行價值理論買股,
切記算算每年配息之後複利的驚人效益。

顧名思義，「價值理論」就是指股票真正的價值
浮現，當股價物超所值來到它的低點時，即是
進場買進的最佳時機。

價值理論的三個重要概念

價值理論又稱為價值投資（Value Investing），是
由 20 世紀 1930 年代美國著名基金經理人班傑明‧葛
拉漢所創立。這一套理論主要包含了下面三個重要的
概念：

第一，葛拉漢堅信，投資人若以低於公司實際價
值（true value）的股價（即以低於公司淨值的股價）
買入，就等於投資人占到了便宜，以低廉價格買進該
檔股票。舉例來說，淨值為 50 元的股票，投資人以
40 元買進，葛拉漢認為，股價在一段時間之後，必定
會向上調整為 50 元，屆時投資人即可賣出獲利。

第二，葛拉漢認為，價值投資符合安全邊際
（margin of safety）的原則，能夠確保股票投資穩健獲
利。

葛拉漢在他的名著《智慧型股票投資人》一書中，明確提出評估股票安全邊際的有效方法，他以該股票過去幾年的投資報酬率與績優債券的投資報酬率做比較。舉例來說，假設績優債券的年投資平均報酬率為 5％，而投資該股票的年平均報酬率為 10％，這麼一來，投資人就擁有比績優債券報酬率高出 5％的安全邊際。

任何一檔股票若能連續 10 年都維持超過績優債券

買股金鐘罩

任何一檔股票若能連續 10 年都維持超過績優債券 5% 的投資報酬率，不但安全邊際高，而且持有該股票獲利的機率相對亦高。

價值投資之父：班傑明‧葛拉漢

　　班傑明‧葛拉漢是價值理論的創始人，他倡導的價值投資法，主張投資人買進「價格」低於「價值」的股票，而且買入價格愈被低估愈好，因為「價格」與「價值」之間的缺口，就是投資安全的保障或邊際。他強調，投資行為必須經過深入的分析，以確保投資的安全與適當的報酬，不符上述條件的行為即屬投機。

　　他在 1926 年創立葛拉漢‧紐曼基金，自 1933 年起到 1956 年退休為止，長達 23 年保持賺錢不虧的紀錄，1960 年因找不到合適接班人而解散經營時，其基金清算後的投資報酬率更高達近 700％。著有《證券分析》（*Security Analysis*）、《智慧型股票投資人》等書。

5%的投資報酬率，不但安全邊際高，而且持有該股票獲利的機率相對亦高。

第三，葛拉漢主張，這一套「價廉物美」的投資方法最適合一般散戶，因為一般散戶根本沒有足夠能力研判公司對外公開的財務報告與業務報告是否真實。只要嚴守「安全邊際」原則購買股票，當這家公司的股價低於淨值時，縱使公司拿一些不實的數字騙人，投資人因為有安全邊際的保護，所以仍然能從中獲利。

在《智慧型股票投資人》一書中，葛拉漢還特別為投資人在選擇標的時，詳列出下列六項基本原則：

一、營業額：挑選年營業額超過 1 億美元的民營企業，或是年營業額高過 5,000 萬美元的公營企業。

二、流動資產與流動負債的比例：公司的流動資產至少為流動負債的 1.5 倍。

三、在過去 10 年內，每年都獲利的公司。

四、在過去 20 年內，每年都有派發股利的公司。

五、公司的本益比低於 9 倍。

六、公司目前的股價低於淨值的 1.2 倍。

要符合上述六項條件，用一句話來說明就是：體質良好、長期獲利佳、目前股價又處於低檔的績優公司。

評估股票價值的指標：淨值與配息

價值理論的中心思想就在於：任何股票不論股價怎麼漲或怎麼跌，從長期觀察，股價必定會反映其真實的價值，因此，當股票的市價遠低於其真實價值時，就要大膽出手買進。

那麼，到底有沒有什麼明顯的指標可以用來評估某一檔股票是否物超所值或者其真正的價值已經浮現了呢？從葛拉漢的談話中，我們確認有兩種東西可以做為明顯的指標：一是該檔股票的淨值，一是該檔股票每年的配息。

買 股 金 鐘 罩

價值理論的中心思想在於：任何股票不論股價怎麼漲或怎麼跌，從長期觀察，股價必定會反映其真實的價值。因此，當股票的市價遠低於其真實價值時，就要大膽出手買進。

淨值

股票的價格可區分為「面額」、「市價」和「淨值」等三種。面額就是股票的票面金額，目前台灣上市公司股票的面額一律為每股 10 元，它只是印在股票上的金額而已，無任何分析的意義；市價則是股票每天在市場成交的價格，那是由買賣雙方交易所決定的價格，也是投資人最關心在意的東西。

至於股票的淨值，則是該檔股票現階段的真實價值，係根據該公司的財務報告所計算出來的。財務報告中的淨值總額除以發行股份總數，即可得出該公司每股的淨值。

淨值總額又稱為股東權益，乃是資本額、累積盈餘、法定公積、資本公積、特別公積等之總和，它會列舉在公司財務報表中的資產負債表裡面。

當然，投資人可以根據每一家上市櫃公司按季公告的財務報表之資料，計算出每一家公司的淨值。其實，投資人根本不用花時間計算每家上市櫃公司的淨值，只要上 Yahoo! 奇摩網站（http://tw.yahoo.com），點出「股市」欄目中的「當日行情」，再進入每一檔

股票的「基本資料」，即可看到每一家上市櫃公司每股當時的淨值。換言之，奇摩股市早就替投資人算出各股的淨值，投資人只要上網去查閱即可。

　　舉例來說，從 2498 宏達電的「基本資料」中我們可以得知：該公司成立於 1997 年 5 月 15 日，於 2002 年 3 月 26 日上市，董事長王雪紅，總經理周永明，股本 81 億 7,700 萬元，產業類別是通信網路（智慧型手機與平板電腦）。2006 至 2009 年的每股盈餘分別是：2006 年 57.85 元，2007 年 50.48 元，2008 年 37.97 元，2009 年 28.71 元。2010 年四季每股盈餘分別是：第一季 6.38 元，第二季 10.56 元，第三季 13.59 元，第四季 18.15 元，全年加起來每股盈餘為 48.68 元。每股淨值 92.48 元。

　　上述的資料是筆者在 2011 年 4 月 14 日上 Yahoo! 奇摩網站查閱得來的，當天宏達電的收盤價為 1,220 元，是其淨值 92.48 元的 13.19 倍。

　　若以 2011 年 4 月 14 日為基準，台股處於高檔，大部分公司的股價都高於淨值，但是也有少數公司的股價低於淨值，由摩根士丹利公司（Morgan Stanley

Capital International）所編製的台股 123 成分股（即俗稱 MSCI 成分股）中，就有下列 10 家公司的股價低於淨值，分別是：

一、1605 華新，股價 16.25 元，淨值 18.5 元。

二、2204 中華，股價 25.15 元，淨值 29.71 元。

三、2303 聯電，股價 15.15 元，淨值 17.53 元。

四、2315 神達，股價 12.8 元，淨值 21.24 元。

五、2323 中環，股價 7.2 元，淨值 14.2 元。

六、2344 華邦電，股價 9.21 元，淨值 10.22 元。

七、2409 友達，股價 25.5 元，淨值 31.79 元。

八、2475 華映，股價 3.86 元，淨值 8.39 元。

九、5346 力晶，股價 6.39 元，淨值 7.42 元。

十、6116 彩晶，股價 5.36 元，淨值 7.51 元。

假設我們在 2011 年 4 月 14 日，依據股價低於淨值，來到物超所值的低點，而出手買進上述 10 檔股票。之後過了 3 個半月，到了 2011 年 7 月 29 日，這 10 檔股票除了中華汽車股票價從 25.15 元上漲至 33.6

之外，其他 9 檔股票的股價不漲反跌。由此可見，光
憑「股價低於淨值」此一指標法選股是很有問題的。

　　那麼，究竟問題出在何處呢？公司的價值被低
估，造成股價低於淨值固然是選股好標的，然而股價
低於淨值，亦有可能是公司的產業走入衰退、營運長
期虧損、股價長期走空等因素所造成，譬如說 CD-R
的中環、DRAM 的華邦電與力晶，還有面板的友達、
華映、彩晶，以及近年來的宏達電等均屬之。當然，
若是遭遇上述的情況，那就千萬碰不得了。

配息

　　各上市公司只要營運良好，每年都會有盈餘。盈
餘在繳稅、提列各種公積並支付董監事酬勞後，都會
配發現金股利與股票股利給股東，前者是配息，後者
是配股。

　　依證券交易法的規定，上市公司董事會可決定盈
餘是全部配息、全部配股、部分配息部分配股。通常
正派經營的績優公司唯恐配股會造成股本膨脹、不利
於持股的股東，故都採取全部配息的方式。

　　放眼台灣股市，經營績效良好、年年高配息的公司並不多，嚴格說來，只能以台塑、南亞、台化、中華電、台灣大這 5 檔股票為代表。2011 年台塑配發現金 6.8 元，南亞配發現金 4.7 元，台化配發現金 7.5 元，中華電配發現金 5.5243 元，台灣大配發現金 4.16 元。

　　假設投資人鎖定了上述 5 檔高配息的股票，那麼要何時買進最恰當呢？根據葛拉漢的主張，這要根據殖利率來評估；殖利率是個股配息金額除以股價的比率。當這 5 檔股價的殖利率達 10％之時，就是買入的時機。其他仍需耐心等待。

　　有一位股市達人陳勇安是台塑的長期投資者，他說：「買台塑很簡單，50 元以下可以買，40 元以下用力買，30 元以下的話，借錢也要買。」倘若依照台塑配發 6.8 元現金，50 元股價殖利率 13.6％，40 元股價殖利率 17％，30 元股價殖利率 22.7％，當然借錢也要買啦！

　　著名財經部落格「賢哥不錯」版主在 2018 年 2 月曾挑選出 6 支符合價值投資的股票：2114 鑫永銓、2884 玉山金、2995 研華、9930 中聯資、9941 裕融、

9942 茂順，值得參考。

　　說到配息，投資人一定要知道除息。除息就是當上市公司要把現金股利（即股息）配發給股東時，股票的市價把上市公司配發給股東的股息除掉的意思。

　　舉例來說，某股已決定配息 5 元，除息日訂在 2011 年 8 月 2 日，除息日當天的報價就是除息參考價，也就是拿除息前一日的收盤價減去配發之股息後所得到的價格。假設某股 8 月 1 日的收盤價為 90 元，那麼 8 月 2 日除息參考價就是 85 元（90 元減去 5 元股息即得此數目）。此種股票的市價把股息除掉的行為就叫做「除息」。

　　除息後，股票不是上漲就是下跌。除息後股價上漲，把除掉的差價補回，就叫「填息」；相反地，除息後股價下跌，不但除掉的差價補不回來，還下挫不停，這就叫「貼息」。一般來說，多頭行情時常會填息，空頭行情時常會貼息。另外，公司獲利能力良好且營運展望亦佳者，較會填息。

　　筆者知道有許多保守型投資人喜歡買高配息的股票，不過若行情處在空頭的跌勢，股票配息之後很可

能無法填息，造成賺了股息卻賠掉股價的情況，得不
償失。

　　另外，關心高配息的投資人亦必須留意景氣循環
股，彼得·林區在《彼得林區選股戰略》一書中指
出，景氣循環股在發放股利方面未必值得信賴。這是
因為景氣循環股的股價波動幅度大，產業的風險亦
高，若在循環的高檔處買進，即使有很高的殖利率，
都可能會賺了股息而賠掉本金。（筆者會在景氣循環股

投資大師：彼得·林區

　　彼得·林區是美國專業基金經理人公認的投資大
師，他在 1977 至 1990 年的 13 年間負責操作富達麥哲
倫基金，每年的平均投資報酬率高達 29%，亦即 13 年
前投資 1 萬美元的話，13 年後可以領回 28 萬美元。其
卓越的表現不但讓投資人對他佩服得五體投地，也使得
該基金成為全世界規模最大的單一基金。

　　林區投資股票採長期投資，不但非常重視每一家投
資公司的財務報表，而且經常與該公司負責人保持密切
聯繫，以便能隨時隨地掌握他們的最新動態。其投資哲
學與選股方法均詳盡披露在他撰寫的《彼得林區征服股
海》和《彼得林區選股戰略》二書之中。

崩跌到底時買進，請參閱《逮到底部，大膽進場》第一章。）

　　走筆至此，我們可以得到一個結論：高配息的指標優於淨值的指標，不過當股價來到低檔區時，兩者可同時拿來作為買股的參考比較。

巴菲特的價值理論

　　最後，我想談一談股神華倫‧巴菲特（Warren Edward Buffett）對價值理論的看法。

　　巴菲特是價值理論的忠實信徒，當他深入分析某檔股票的市價遠低於其真實價值時，即大筆敲進。巴菲特認定的「真實價值」包括：公司的淨值、營運狀況、獲利能力、產業趨勢、發展遠景、經營者的操守與能力等等。

　　從巴菲特的觀點與做法，剛好可以彌補前述以淨值與高配息兩個指標來選股之不足，亦即除了要評估其淨值與高配息（獲利能力）之外，還需檢核其營運狀況、產業趨勢、發展遠景以及經營者的操守與能力等等。

> **買股金鐘罩**
>
> 運用價值理論買股票，除了要評估其淨值與配息之外，還需檢核其營運狀況、獲利能力、產業趨勢、發展遠景以及經營者的操守與能力。

巴菲特在低檔買進這些物超所值的股票之後，總會不厭其煩地告訴自己，這些買進的並非股票，而是發行股票這家好公司的真實價值。換言之，他是以經營者的心態買進這些股票，經營者重視的是公司的成長性與長期利益。所以，巴菲特在買進股票之後，從不會為了賺取差價而每天去投機搶短；他總是在買進之後長抱好幾年，賺取長波段的可觀利潤。

舉例來說，早年巴菲特為投資一家保險公司蓋可

美國股神：華倫・巴菲特

巴菲特不但是美國專業基金經理人最尊敬的投資大師，也是美國股市的傳奇人物，因其睿智的投資賺取驚人的財富，而被尊稱為「股神」。他在 1956 年以 100 美元投入股市，54 年後，根據《富比士》雜誌於 2010 年公布的全球富豪，他以 470 億美元的淨資產名列第三。他是價值投資之父班傑明・葛拉漢的嫡傳弟子，非但獲其真傳，而且對價值理論有深刻的領悟。

巴菲特具備高超的選股能力，當他分析出某支股票的市價低於其真實價值時，即大筆敲進。他經常掛在嘴邊的一句話就是：最近是否有人做了什麼蠢事，讓我有機會廉價買進一家不錯的企業呢？

產險（GEICO），不但去圖書館深入研讀保險業與這家公司的資料，還搭車赴華府 GEICO 總部，與該公司高幹深談數小時。最後巴菲特對 GEICO 的結論是：該公司以政府機關員工與軍人為客戶，他們開車發生事故機率低，故公司賠率低；另外，該公司採郵寄保單的推銷方式，比起其他採推銷員推銷的方式，省下大筆的營運成本。深入了解 GEICO 的真實價值後，即大膽買進，最後 GEICO 讓他賺進 50 倍以上的利潤。

　　巴菲特除了選擇高獲利的公司，他擅長以複利方式（即利滾利）長期抱牢股票獲取驚人，他創立於 1965 年的波克夏哈薩威公司（Berkshire Hathaway）平均每年以 25％的複利增長，成效驚人。從 1965 至 2010 年的 45 年間，波克夏的股價從 18 美元一路攀升到 10 萬美元，漲幅高達 5555 倍。

買 股 金 鐘 罩

巴菲特在買進股票之後，從不會為了賺取差價而每天去投機搶短；他總是在買進後長抱好幾年，賺取長波段的可觀利潤。這一點也是本書第九章所闡述的抱股理論。

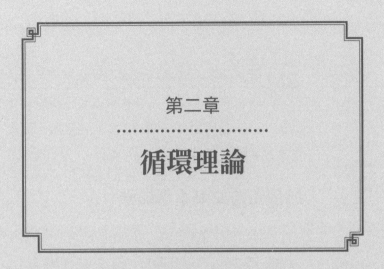

第二章

....

循環理論

股價永遠在上漲與下跌之間循環不已，
漲久了就會跌，跌久了就會漲。
聰明的投資人就懂得在循環中找到恰當的買賣點。

經濟景氣與股價息息相關。景氣繁榮可刺激股市欣欣向榮；反之，景氣衰退可促使股價下跌。其實，股市就好比是一個國家的經濟櫥窗，從股市的漲跌就可看到一個國家經濟的興衰。

股價走勢如海水漲退潮

全世界的經濟學家均公認，經濟景氣務必跟隨「復甦→繁榮→衰退→蕭條（而後又回到復甦）」等四個階段循環不已。有趣的是，股價的走勢也和經濟景氣一樣，不停漲漲跌跌、循環不已，這就是著名的循環理論。

最先提出股價循環理論的，乃是美國紐約《華爾街日報》的創始人查理士・道（Charles H. Dow）。他在 1900 年時，藉由觀察海邊潮水的起落與波浪的變化，頓悟出海水的漲退潮與股價的漲跌幾乎一模一樣。（《專業投機原理》作者維特・施伯倫即對道氏股價理論極為推崇。）

多頭走勢

　　股市在三波多頭行情的走勢就像海水漲潮時一樣，一波接著一波洶湧而來；而且在整個波段行情中，和漲潮的波浪一樣，一波比一波高，不但後一波的峰頂高於前一波的峰頂，而且後一波的峰谷亦高於前一波的峰谷。

股市技術分析鼻祖：查理士・道

　　查理士・道是位天才型的報人，他在 1896 年 5 月自行研發出道瓊工業平均指數（Dow Jones Industrial Average），每天發布在其發行的《華爾街日報》（*Wall Street Journal*），供投資人參考研判未來股市的走勢，刊出之後大受歡迎。

　　1899 至 1902 年間，他在報上撰寫專欄，闡述多年在海邊觀察潮水的起落與波浪的變化，發現股價的漲跌好比潮水的起落，怎麼來就怎麼走，怎麼去就怎麼來，周而復始，不斷循環。這就是倍受推崇的「道氏股價理論」（Dow Theory），公認是股市技術分析的鼻祖，成為艾略特波浪理論、趨勢線理論、移動平均線理論、股票箱理論之濫觴。

空頭走勢

股市在三波空頭行情的走勢就像海水退潮時一樣，一波接著一波消退而去；而且在整個走跌行情中，與退潮的波浪一樣，一波比一波低，不但後一波的峰頂低於前一波的峰頂，而且後一波的峰谷亦低於前一波的峰谷。

不斷循環，周而復始

股價的漲漲跌跌就好比潮水的起起落落，怎麼湧來就怎麼退去，而且漲多少就會跌多少；怎麼退去就怎麼再湧來，而且跌多少就會漲多少，周而復始，不斷循環。

艾略特八波段循環理論

接續查理士・道，集股價循環理論大成的人乃是美國股市天才艾略特。他以前述道氏股價理論為基礎，吸收了道氏用漲退潮來譬喻股價的漲跌以及股價漲漲跌跌循環的概念，他以美國華爾街 75 年的股價走勢為藍本，發明了八個波段循環理論的波浪理論。

艾略特原是專業會計師，後來因病退休。在養病期間，他目睹了華爾街股市在 1929 年前的大榮景與之後的大崩盤，有心要解開股價漲跌之謎，於是蒐集了

股市天才：艾略特

　　艾略特是位股市天才，他以非凡的稟賦與獨具的慧眼在 1934 年發現了波浪理論。他原是一位專業會計師，62 歲時因病被迫退休靜養，之前因為他目睹了華爾街股市從 1921 到 1931 年的 11 年間歷經的大多頭與大空頭（1921 年初指數從 60 多點上漲到 1929 年 9 月的 386 點，再從 386 點跌到 1931 年的 41 點），或許為了解開股價大漲大跌之謎，或許為了排解養病期間的無聊，他蒐集華爾街股市 75 年來的資料，終於在 1934 年整理出一套震古鑠今的波浪理論。

　　1934 年 3 月，美國道瓊鐵路股平均指數（Dow Jones Railroad Average）跌到 96.1 點，當時所有的專家都驚慌失措，對前景極度悲觀，認為 1929 年的大崩盤又將重現，這時只有艾略特獨排眾議，認為 96.1 點乃是次低點，亦即是從 1931 年 41 點起漲之後第二波回檔修正的絕佳買點，至此即將展開一段長多行情。當時只有一位投顧公司總裁高林斯（Charles J. Collins）相信他的預測，幾個月之後就證明了艾略特的真知灼見與高林斯的卓越慧眼。

買 股 金 鐘 罩

股價在一個完整走勢中，會呈現出有如波浪般的八個波段走法，走完八波段之後又來一個八波段，周而復始，不斷循環。在每一個完整的八波段之中，前五個波段是多頭行情，後三個波段是空頭行情，這就是著名的艾略特波浪理論。

美國股市 75 年來的資料，苦心研究其中股價漲跌的變化，結果得出下列兩點寶貴的結論：

一、完整八波段，周而復始，不斷循環

股價在一個完整走勢中，會呈現出有如波浪般的八個波段走法，走完八波段之後又來一個八波段，周而復始，不斷循環。這就像人類永遠脫離不了春夏秋冬與生老病死等大自然的規律一樣，股價也永遠脫離不了固定八波段的走勢，周而復始，不斷循環。

二、前五波多頭行情，後三波空頭行情

在一個完整的八波段中，前面五個波段是多頭行情，而後面的三個波段是空頭行情。在多頭行情的五個波段中，第一、第三、第五是上升，而第二、第四是回檔整理；第一波段又叫「初升段」，第三波段又叫「主升段」，第五波段又叫「末升段」。在空頭行情的三個波段中，第六、第八是下跌，而第七則是反彈整理（俗稱逃命 B 波）；第六波段（俗稱「A 波」）又叫「初跌段」，第八波段（俗稱「C 波」）又叫「主跌段」。（請參閱圖 2-1）

圖 2-1　艾略特八波段的完整走勢

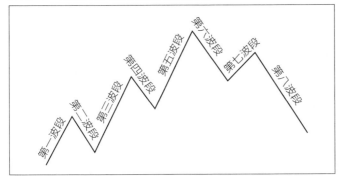

艾略特八波段的完整走勢。第一波段又叫初升段；第三波段又叫主升段；第五波段又叫末升段；第六波段，俗稱 A 波，又叫初跌段；第七波段，俗稱逃命 B 波；第八波段，俗稱 C 波，又叫主跌段。

用艾略特波浪理論看台股的循環

　　我們就拿台股 31 年來的股價走勢來解說艾略特波浪理論中的兩個寶貴結論。從 1987 年開始至 2018 年的 31 年裡，台股已經完成了三個完整的八波段，茲分別說明如下：

　　一、台股第一個循環是從 1987 年 1 月的 1039 點起漲，多頭行情的五波走到 1990 年 2 月的 12682 點結

束；接下來，空頭行情的三波從 12682 點跌到 1990 年 10 月的 2485 點，完成一個完整的八波（請參閱附錄圖 1）。

（一）第一波是從 1987 年 1 月的 1039 點上漲到 1987 年 10 月的 4796 點。

（二）第二波是從 1987 年 10 月的 4796 點回檔整理到 1987 年 12 月的 2241 點。

（三）第三波是從 1987 年 12 月的 2241 點上漲到 1988 年 9 月的 8813 點。

（四）第四波是從 1988 年 9 月的 8813 點回檔整理到 1989 年 1 月的 4645 點。

（五）第五波是從 1989 年 1 月的 4645 點上漲到 1990 年 2 月的 12682 點。

（六）第六波（俗稱 A 波）是從 1990 年 2 月的 12682 點下跌到 1990 年 7 月的 4450 點。

（七）第七波（俗稱 B 波）是從 1990 年 7 月的 4450 點反彈整理到 1990 年 8 月的 5825 點。

（八）第八波（俗稱 C 波）是從 1990 年 8 月的 5825 點下跌到 1990 年 10 月的 2485 點。

台股第一個循環從 1987 年 1 月走到 1990 年 10
月，一共走了 3 年 10 個月。

二、台股第二個循環是從 1990 年 10 月的 2485 點
起漲，多頭行情的五波走到 1997 年 2 月的 10256 點結
束；接下來空頭行情的 A、B、C 三波，再從 10256 點
下跌到 2001 年 9 月的 3411 點，完成另一個完整八波。
（請留意，其中空頭行情 B 波高點 10393 點越過了
10256 點，請參閱附錄圖 2。）

（一）第一波是從 1990 年 10 月的 2485 點上漲到
1991 年 5 月的 6365 點。

（二）第二波是從 1991 年 5 月的 6365 點回檔整
理到 1993 年 1 月的 3098 點。

（三）第三波是從 1993 年 1 月的 3098 點上漲到
1994 年 10 月的 7228 點。

（四）第四波是從 1994 年 10 月的 7228 點回檔整
理到 1995 年 8 月的 4474 點。

（五）第五波是從 1995 年 8 月的 4474 點上漲到
1997 年 8 月的 10256 點。

（六）第六波（俗稱 A 波）是從 1997 年 8 月的 10256 點下跌到 1999 年 2 月的 5422 點。

（七）第七波（俗稱 B 波）是從 1999 年 2 月的 5422 點反彈整理到 2000 年 2 月的 10393 點。

（八）第八波（俗稱 C 波）是從 2000 年 2 月的 10393 點下跌到 2001 年 9 月的 3411 點。

台股第二個循環從 1990 年 10 月走到 2001 年 9 月，一共走了 11 年。

三、台股第三個循環是從 2001 年 9 月的 3411 點起漲，多頭行情的五波走到 2007 年 10 月的 9859 點結束，接下來空頭行情的 A、B、C 三波，從 9859 點下跌到 2008 年 11 月的 3955 點，完成另一個完整八波（請參閱附錄圖 3）。

（一）第一波是從 2001 年 9 月的 3411 點上漲到 2002 年 4 月的 6484 點。

（二）第二波是從 2002 年 4 月的 6484 點回檔整理到 2002 年 10 月的 3845 點。

（三）第三波是從 2002 年 10 月的 3845 點上漲到

2004 年 3 月的 7135 點。

　　（四）第四波是從 2004 年 3 月的 7135 點回檔整理到 2004 年 8 月的 5255 點。

　　（五）第五波是從 2004 年 8 月的 5255 點上漲到 2007 年 10 月的 9859 點。

　　（六）第六波（俗稱 A 波）是從 2007 年 10 月的 9859 點下跌到 2008 年 1 月的 7384 點。

　　（七）第七波（俗稱 B 波）是從 2008 年 1 月的 7384 點反彈整理到 2008 年 5 月的 9309 點。

　　（八）第八波（俗稱 C 波）是從 2008 年 5 月的 9309 點下跌到 2008 年 11 月的 3955 點。

　　台股第三個循環從 2001 年 9 月走到 2008 年 11 月，一共走了 7 年 3 個月。

台股第四個循環未來可能的走勢

　　台股第四個循環是從 2008 年 11 月的 3955 點起漲，多頭行情的五波走到 2018 年 1 月的 11270 點（請參閱附錄圖 4）。

買股金鐘罩

台股第四個循環已經走到 2018 年 1 月的 11270 點，此處可能就是此次循環高點附近。

一、第一波是從 2008 年 11 月的 3955 點上漲到 2011 年 2 月的 9220 點。

二、第二波是從 2011 年 2 月的 9220 點回檔到 2011 年 12 月的 6609 點。

三、第三波是從 2011 點 12 月的 6609 點上漲到 2015 年 4 月的 10014 點。

四、第四波是從 2015 年 4 月的 10014 點回檔到 2015 年 8 月的 7203 點。

五、第五波是從 2015 年 8 月的 7203 點上漲到 2018 年 1 月的 11270 點。

從時間波與空間波去推算，台股第四循環的多頭行情似乎已經走完，再來就是走第六至第八波的空頭行情。換言之，2018 年 1 月的高點 11270 點，為第四次循環頭部的可能性很大。11270 即便不是高點，必然也在高點附近。

每次循環長短不一

仔細分析上述台股的四個循環之後，有幾個現象

值得留意：

一、因為每一階段的經濟景氣長短不一，因此台
股每一個八波段循環的時間長短亦不同；台股第一個
循環只有 3 年 10 個月，第二個循環長達 11 年，第三
個循環則有 7 年 3 個月，第四個循環至 2018 年 1 月為
止已經走了 9 年 3 個月多頭。

二、觀察每一循環的八個波段，一定要從月 K 線
去進行，因為月 K 線代表的是長天期的走勢，代表的
是正確的趨勢。

三、從歷史經驗可知，台股不論是哪一個循環，
空頭行情下殺的 A、B、C 三波較容易辨識，而多頭行
情上漲的五波較不易辨識。

四、台股四個循環的起漲點愈墊愈高，第一個循
環起漲點 1039 點，第二個循環起漲點 2485，第三個
循環起漲點 3411 點，第四個循環起漲點 3955 點，未
來第五個循環起漲點預估會在 3955 點附近。

五、根據艾略特的研究，他發現波中有小波；在
八大波段中，第一波又可分為 5 小波，第二波又可分

為 3 小波，第三波又可分為 5 小波，第四波又可分為 3 小波，第五波又可分為 5 小波，第六波又可分為 5 小波，第七波又可分為 3 小波，第八波又可分為 5 小波。這麼一來，八大波段就變成 34 個小波段了（請參閱圖 2-2）。若再把第一小波又再分為 5 個小小波，第二小波又再分為 3 個小小波……這麼一來，34 小波就變 144 小小波了。不過在筆者實際運用中，發現用八大波段來研判股價的循環最好用，34 小波與 144 小小

圖 2-2　艾略特的 8 大波段變成 34 個小波

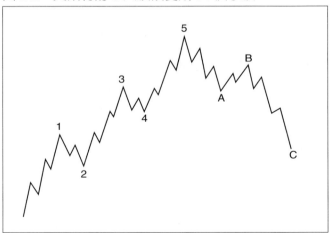

66

波的參考意義不大。

六、艾略特研究美股的結論在上升行情的五個波段中，通常第三波的漲幅最大；然而台股的三個循環告訴我們，第一波的漲幅最大。

七、根據艾略特的波浪理論，在日 K 線中，第一波與第四波不會重疊，這是鐵律。但在週 K 線與月 K 線則經常重疊，在台股的四個循環中，每次第一波的高點都與第四波的低點重疊。

八、各股的走勢常與大盤有很大的差異。各股在多頭行情的五波段，常會因為景氣大好而延伸到九波段，也會因為景氣較差而只走三波段。

九、依照波浪理論，各股在八波段周而復始的不斷循環當中，只要產業仍舊暢旺，每次股價回跌到起漲點的附近，常常是循環的另一個起點，也是一個絕佳買點。

十、在每一個循環的八波段裡面，多頭行情的五波中，有關第二波與第四波的回檔整理，若第二波呈現簡單整理，第四波必定是複雜整理；相對的，若第二波呈現複雜整理，則第四波必定是簡單整理。另

外，空頭行情的三波段中，以第八波（即 C 波）主跌
段的下殺最為驚心動魄，既快且狠，投資人往往忍不
住這種追殺而賣出持股。

股市就是上漲與下跌的循環

此外，值得一提的是，日本股神是川銀藏在其著
作《股市之神是川銀藏》一書中指出：

一、資本主義的經濟變動有一定的韻律，像洶浪

日本股市之神：是川銀藏

是川銀藏乃是日本股票市場家喻戶曉的人物。他在
1927 年 30 歲之時，因遭受金融擠兌風暴的波及而破產。
之後，他在圖書館裡苦讀 3 年，徹底研究日本經濟與股
市，而後就以此自修的心得研判行情、進出股市。1931
年 34 歲時開始進入股市。以 70 日圓起家，不久即獲得
百倍的利潤，而後在股市無往不利。1977 年因投資日本
水泥賺進 30 億日圓，1982 年因持有住友金礦的股票大
賺 200 億日圓，因而成為日本所得最高的人，並獲得
「股市之神」的美譽，但不久從股市賺來的錢就因繳稅而
完全被課光。

一般，有波峰，也有波谷。

　　二、經濟變動的韻律會反映在股市行情上。

　　三、經濟不會永遠繁榮，也不會永遠衰退。當經濟由波谷往波峰上升時，不會升個不停，因為在上升的過程中也逐漸累積將來要下降的能量；當經濟由波峰向波谷下跌時，也不會跌個不停，因為在下跌過程中也逐漸累積未來要上漲之能量。

　　總之，是川銀藏的意思是：在資本主義國家裡，經濟會在繁榮與衰退之間不斷循環，股市行情也會在波峰與波谷之間不斷循環。

　　最後我們來看看歐洲投機大師安德烈・科斯托蘭尼的股價漲跌循環圖（他自己戲稱此圖為「科斯托蘭尼雞蛋」，請參閱圖 2-3）。

　　從這張循環圖裡，我們可以清楚地看出，股價下跌的終點就是上漲的起點，而上漲的終點也就是下跌的起點。

圖 2-3 科斯托蘭尼雞蛋

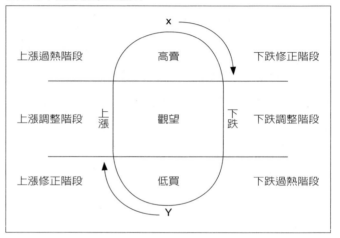

第三章

位置理論

進入股市前，
你一定要先知道大盤目前所處的位置：
底部？中部？頭部？
底部時買進，中部時等待，頭部時賣出。
操作股票就是這麼簡單。
切記，閱讀本章之前，請先好好讀一讀本書之前言。

位置理論是由艾略特波浪理論延伸而來，係指投資人必須從波浪理論八波段的循環走勢中，清晰地研判出大盤加權指數與各股股價所處的位置，而後從中做出買進或賣出的動作。

股價的位置理論是由筆者最先提出。（請參閱本書〈前言〉）股價的走勢有三個，即上漲、下跌以及盤整；無獨有偶，股價的位置也有三個，即底部、頭部以及中部。投入股市之前，投資人一定要先知道大盤所處的位置，如果不懂得這個道理，冒冒失失就進場買股，一定會被市場痛宰。一個大原則是：若股價的位置在底部，就要大膽買進；若股價的位置在頭部，就要果斷賣出；若股價的位置在中部，就要冷靜等待，不買也不賣，茲分別詳述於下。

逮到底部，分批買進

對股票稍有常識的人，大都知道投資股票的訣竅無非低買高賣，也就是買在底部、賣在頭部，問題是你如何判斷哪裡是底部呢？根據我 31 年的操盤經驗，台股每一次的循環來到底部區時，都會出現下列七個

訊號：

一、月 K 線走完艾略特的八個波段

要證實艾略特所說的八個波段是否走完，一定要從月 K 線去觀察，因為月 K 線代表的是長天期的走勢，代表的是趨勢。以台股為例，最近的一個循環（即第三個循環）已經走完，它的起漲點在 2001 年 9 月的 3411 點，結束點在 2008 年 11 月的 3955 點。其八波段說明如下：

（一）第一波是從 2001 年 9 月的 3411 點上漲至 2002 年 4 月的 6484 點。

（二）第二波是從 2002 年 4 月的 6484 點回檔整理至 2002 年 10 月的 3845 點。

（三）第三波是從 2002 年 10 月的 3845 點上漲至 2004 年 3 月的 7135 點。

（四）第四波是從 2004 年 3 月的 7135 點回檔整理至 2004 年 8 月的 5255 點。

（五）第五波是從 2004 年 8 月的 5255 點上漲至 2007 年 10 月的 9859 點。

買 股 金 鐘 罩

投入股市之前，投資人一定要先知道大盤所處的位置，如果不懂得這個道理，冒冒失失就進場買股，一定會被市場宰得體無完膚。

（六）第六波是從 2007 年 10 月的 9859 點下跌至
2008 年 1 月的 7384 點。

（七）第七波是從 2008 年 1 月的 7384 點反彈整
理至 2008 年 5 月的 9309 點。

（八）第八波是從 2008 年 5 月的 9309 點下跌至
2008 年 11 月的 3955 點。（請參閱附錄圖 3）

從月 K 線的走勢中可以很明顯地看出，從 3411
點上漲到 9859 點乃是五波段的多頭行情；再從 9859
點下跌至 3955 點乃是三波段的空頭行情。五波段多頭
行情加上三波段空頭行情就是一個完整的八波段，既
然完整的八波段已經走完，再來就是另一個新的八波
段。因此，3955 點既是台股第三循環的結束點，也是
台股第四循環的起漲點。

二、月成交量大幅萎縮

從台股第一、第二、第三等三次循環的歷史經驗
明顯告訴我們，每一次大盤的股價來到底部區時，月
成交量都會出現大幅萎縮的現象，實際的情況解說如
下：

（一）台股第一次循環，空頭行情的下跌三波，是從 1990 年 2 月的 12682 點下跌到同年 10 月的 2485 點，加權股價指數慘跌了八成，而月成交量則從 1990 年 2 月的 35,245 億大幅萎縮到同年 9 月的 4,557 億，縮幅高達八成七。

（二）台股第二次循環，空頭行情的下跌三波，是從 2000 年 2 月的 10393 點下跌到次年 9 月的 3411 點，加權股價指數慘跌了六成七，而月成交量則從 2000 年 1 月的 45,816 億大幅萎縮到次年 9 月的 6,572 億，縮幅高達八成六。

（三）台股第三次循環，空頭行情的下跌三波，是從 2007 年 10 月的 9859 點下跌到次年 11 月的 3955 點，加權股價指數慘跌了六成，而月成交量則從 2007 年 7 月的 50,316 億大幅萎縮到 2009 年 1 月的 8,630 億，縮幅高達八成三。

三、融資餘額的跌幅大於大盤的跌幅

台股每一次的循環經驗告訴我們，在空頭行情三波既凶狠又快速的下殺過程中，最後必定是融資餘額

的跌幅要大於大盤的跌幅，大盤的底部才會浮現。這是融資者無奈的宿命。

以台股第二次循環來說，空頭行情的下跌三波，從 2000 年 2 月的 10393 點下殺到次年 9 月的 3411 點，跌幅達六成七；而融資餘額則從 2000 年 4 月 13 日的 5,956 億，銳減到次年 10 月 15 日的 1,092 億，跌幅達八成二，後者遠大於前者。

再以台股第三次循環來說，空頭行情的下跌三波，從 2007 年 10 的 9859 點下殺到次年 11 月的 3955 點，跌幅達六成；而融資餘額則從 2007 年 10 月 31 日的 4,144 億，銳減到次年 11 月 24 日的 1,159 億，跌幅達七成二，後者亦大於前者。

融資餘額的跌幅大於大盤的跌幅時，表示融資斷頭的籌碼傾巢而出，浮額已被清洗乾淨，底部自然而然就浮現了。

四、月 K 線走完八波段後，股價盤整不再破底

在台股第三次循環之中，空頭行情的下跌波裡面，大盤股價指數從 2007 年 10 月 30 日的 9859 點下

殺到 2008 年 10 月 28 日的低點 4110 點，雖然不到一個月就被跌破，並於 2008 年 11 月 21 日跌到新低點 3955 點，然而此後不論出現什麼利空，此點就是不被跌破，股價並且在此橫向整理了三個多月。

為何會出現此種股價盤整不再破底的現象呢？因為有些識貨的人，包括大股東、法人以及長線投資老手等等，在此處默默承接，所以才會造成股價跌不下去的現象。

五、國安基金進場護盤時

投資人不知有沒有想過一個問題，綜觀台股 31 年來，最大的贏家既非外資與投信，也不是大戶與作手，而是政府的國安基金。

每一次台股的循環到達空頭行情最可怕的下殺 C 波（即第八波）尾端，股市每天開盤暴跌，融資斷頭籌碼被清洗得乾乾淨淨，每天報紙頭條都是股市淒慘的消息，投資人哀鴻遍野時，就是國安基金出手護盤時機。

國安基金在政府指示下，會聯合退撫基金、勞保

基金、勞退基金等進場護盤。長線而言，國安基金每一次最後都是大贏家，沒有一次例外。

就以 2008 年的例子來說明。台股第三次循環的下殺 C 波是從 2007 年 10 月的 9859 點往下殺，國安基金約是在 2008 年 10 月的 5500 點左右進場護盤。雖然國安基金護盤之後，大盤指數繼續下跌到 2008 年 11 月的 3955 點，促使國安基金遭到短套，但到了 2018 年 2 月大盤指數已上漲到 11270 點，您說長期而言它是不是最大贏家呢？

六、政府一連串干預動作

政府在股市非常低迷、接近底部區時，除了會指示國安基金進場護盤之外，常常會有下列舉措：

（一）中央銀行調降重貼現率與存款準備率；

（二）各銀行紛紛調降存款利率；

（三）縮小股價的漲跌幅，從 7% 縮小到 3.5%；

（四）停徵或調降證券交易稅；

（五）全面禁止放空；

（六）主動邀約外資與投信的高幹聚餐，呼籲進

場買股。

　　上述六項舉措當中，比較值得注意的是第一與第二項。中央銀行調降重貼現率與存款準備率，其主要目的在於寬鬆銀根，進而促使各銀行調降存款利率，把投資大眾存在銀行的錢驅趕到股市，促使股價止跌上漲。

七、月K線走完八波段後出現月紅K線

　　沒有一次例外，台股的大盤不論哪一次的循環，只要是走到空頭行情的A、B、C行情時，從A波（即第六波）下殺，到B波（即第七波）反彈整理，到C波（即第八波）的再下殺，其中以C波下殺最為可怕。

　　每一次C波的下殺都是驚心動魄、一片肅殺，跌幅與跌速都十分驚人，到了最後階段，一路長黑，投資人被追殺得有如驚弓之鳥，談股色變，這時怎麼會出現一根紅的月K線呢？

　　這是因為有大股東、法人、主力以及長線投資人在此逢低承接造成了紅月K線。這時，一般投資人嚇得屁滾尿流，絕對不敢進場買，而上述那些人因為了

解公司情況，知道股價已便宜到物超所值（符合第一章〈價值理論〉，因此敢進場承接。

除了上述七個訊號，大盤來到底部區時，也會出現日 K 線完成打底形態、月 KD 值跌到 20 以下形成黃金交叉、本益比呈現物超所值的倍數等現象，因篇幅之故，此處不再贅述，請參閱拙作《逮到底部，大膽進場》第二章〈底部出現的 11 個訊號〉。

逮到次底部區，大膽買進

根據筆者創立的位置理論，股價只有來到兩個位置時才可以買進，一是底部區，另一是次底部區。

何謂次底部區，這仍然要從艾略特波浪理論中的八波段走勢去尋找，從每一次循環的八波段去看，月 K 線中第二波回檔整理的低點，就是我們所要尋找的次底部區。

我們舉台股四次循環的實例來說明。

一、第一次循環的次底部區：2241 點

台股第一次循環的八波走勢，是從 1987 年 1 月的 1039 點起漲，多頭行情的五波走到 1990 年 2 月的 12682 點結束，接下來空頭行情的三波，從 12682 點下跌到 1990 年 10 月的 2485 點，完成一個完整的八波（每一波的高低點請參閱第二章〈循環理論〉）。

投資人若錯失了 1039 的起漲點，可以在第二波 1987 年 12 月的 2241 點附近大膽買進，那裡就是次底部區（請參閱附錄圖 5）。

二、第二次循環的次底部區：3098 點

台股第二次循環的八波走勢，是從 1990 年 10 月的 2485 點起漲，多頭行情的五波走到 1997 年 2 月的 10256 點結束，接下來空頭行情的三波，從 10256 點下跌到 2001 年 9 月的 3411 點，完成另一個完整的八波（每一波的高低點請參閱第二章〈循環理論〉）。

投資人若錯失了 2485 的起漲點，可以在第二波 1993 年 1 月的 3098 點附近大膽買進，那裡就是次底部區（請參閱附錄圖 6）。

> **買股金鐘罩**
>
> 倘若你錯失了底部區買進的良機，次底部區也是另一個很好的買點。

三、第三次循環的次底部區：3845 點

台股第三次循環的八波走勢，是從 2001 年 9 月的 3411 點起漲，多頭行情的五波走到 2007 年 10 月的 9859 點結束，接下來空頭行情的三波，從 9859 點下跌到 2008 年 11 月的 3955 點，完成另一個完整的八波（每一波的高低點請參閱第二章〈循環理論〉）。

投資人若錯失了 3411 的起漲點，可以在第二波 2002 年 10 月的 3845 點附近大膽買進，那裡就是次底部區（請參閱附錄圖 7）。

四、第四次循環的次底部區：6609 點

台股第四次循環的八波走勢，是從 2008 年 11 月的 3955 點起漲，到 2018 年 1 月為止，五波的多頭行情走到 11270 點（每一波的高低點請參閱第二章〈循環理論〉）。

投資人若錯失了 3955 的起漲點，可以在第二波 2011 年 12 月的 6609 點附近大膽買進，那裡就是次底部區（請參閱附錄圖 8）。

投資倘若能在次底部區買進的話，雖然買進成本

不若底部區那麼低，但隨即而來的第三波多頭行情，往往獲利亦相當可觀。問題是，第二波低點的次底部區並不如底部區好抓，一般都取第一波漲幅回檔修正的 0.382、0.5、0.618、0.809 修正之處，或由時間波配合成交量、型態等等去抓。

碰到頭部，果斷賣出

　　不論是在底部區或次底部區買進的股票，最終目的就是在頭部賣出，賺取其間的價差。根據我 31 年操盤的經驗，台股每一次的循環來到頭部區時，都會出現下列的五個訊號：

一、月K線走完多頭行情的五個波段

　　根據波浪理論，艾略特認為，大盤股價必定在一個完整的八波段中循環不已，此種循環就好比大自然的春夏秋冬與人類的生老病死，永遠周而復始，走完一個八波段，又來另一個八波段，不斷循環。

　　股價在一個完整走勢的八波段中，前面五個波段是多頭行情，而後面的三個波段是空頭行情，換言

之，多頭行情的五波段走完之後，接下來就是空頭行情的三波段，因此多頭行情的第五波走到頂之時就是頭部了。

要觀察多頭行情的第五波是否走到頂、走到頭，務必要從月 K 線去觀察，因為月 K 線代表的是長天期的走勢，代表的是趨勢。只有從月 K 線去剖析，才能正確研判多頭行情的五個波段是否已經走完。

從台股 31 年的走勢去觀察，總共已經走完三個循環多頭行情的五個波段。

第一個循環多頭行情是從 1987 年 1 月的 1039 點上漲到 1990 年 2 月的 12682 點，其間五個波段的高低點如下（請參閱附錄圖 1）：

（一）第一波是從 1039 點上漲至 4796 點；

（二）第二波是從 4796 點回檔整理到 2241 點；

（四）第三波是從 2241 點上漲至 8813 點；

（五）第四波是從 8813 點回檔整理到 4645 點；

（六）第五波是從 4645 點上漲至 12682 點。

第二個循環多頭行情是從 1990 年 10 月的 2485 點上漲到 1997 年 8 月的 10256 點，其間五個波段的高低點如下（請參閱附錄圖 2）：

（一）第一波是從 2485 點上漲到 6365 點；

（二）第二波是從 6365 點回檔整理到 3098 點；

（三）第三波是從 3098 點上漲到 7228 點；

（四）第四波是從 7228 點回檔整理到 4474 點；

（五）第五波是從 4474 點上漲到 10256 點。

第三個循環多頭行情是從 2001 年 9 月的 3411 點上漲到 2007 年 10 月的 9859 點，其間五個波段的高低點如下（請參閱附錄圖 3）：

（一）第一波是從 3411 點上漲到 6484 點；

（二）第二波是從 6484 點回檔整理到 3845 點；

（三）第三波是從 3845 點上漲到 7135 點；

（四）第四波是從 7135 點回檔整理到 5255 點；

（五）第五波是從 5255 點上漲到 9859 點。

第四個循環多頭行情是從 2008 年 11 月的 3955 點

買 股 金 鐘 罩

股價在一個完整走勢的八波段中，前五個波段是多頭行情，要觀察多頭行情的第五波是否走到頂、走到頭，務必從月 K 線觀察，因為月 K 線代表的是長天期的走勢，代表的是趨勢。

上漲到 2018 年 1 月的 11270 點，期間五個波段的高低點如下（請參月附圖 4）：

一、第一波是從 3955 點上漲到 9220 點。

二、第二波是從 9220 點回檔整理到 6609 點。

三、第三波是從 6609 點上漲到 10014 點。

四、第四波是從 10014 點回檔整理到 7203 點。

五、第五波是從 7203 點上漲到 11270 點（似乎在高點附近）。

二、月 KD 在 80 附近形成死亡交叉

從月 K 線去觀察，股價明顯地走完了艾略特波浪理論中前面的五個波段（切記，有時只走三個波段），而月 KD 又在 80 附近形成死亡交叉時，亦即月 KD 中的 K 線在 80 附近向下交叉 D 線時，這是大盤走到頭部的第二個明顯訊號。

搜尋台股 31 年（從 1987 年 1 月至 2018 年 1 月）曾經有十八次月 KD 在 80 附近 K 線向下交叉 D 線（即俗稱死亡交叉），其中第一次循環有三次，第二次循環有五次，第三次循環有三次，第四次循環有七次。

茲說明如下：

（一）第一次循環裡的三次：

第一次是在 1988 年 10 月，K 線以 77.57 向下交叉 D 線 78.78，而前一個月的 K 線仍為 87.87（發生在第三波的末端）。

第二次是在 1989 年 11 月，K 線以 80.52 向下交叉 D 線 82.64（發生在第五波的末端）。

第三次是在 1990 年 3 月，K 線以 74.81 向下交叉 D 線 79.16，而前一個月的 K 線仍有 81.54（發生在第五波的末端）。

（二）第二次循環裡的五次：

第四次是在 1994 年 11 月，K 線以 73.85 向下交叉 D 線 77.64，而前一個月的 K 線仍有 81.33（發生在第三波的末端）。

第五次是在 1997 年 3 月，K 線以 87.48 向下交叉 D 線 87.70（發生在第五波的末端）。

第六次是在 1997 年 5 月，K 線以 84.50 向下交叉

D 線 86.74（發生在第五波的末端）。

第七次是在 1997 年 9 月，K 線以 78.32 向下交叉 D 線 85.55，而前一個月的 K 線仍為 89.80（發生在第五波的末端）。

第八次是在 2000 年 4 月，K 線以 72.74 向下交叉 D 線 76.02，而前一個月的 K 線仍為 81.42（發生在第八波的首端）。

（三）第三次循環裡的三次：

第九次是在 2004 年 4 月，K 線以 73.27 向下交叉 D 線 81.41，而前一個月的 K 線仍為 85.85（發生在第三波的末端）。

第十次是在 2007 年 8 月，K 線以 81.06 向下交叉 D 線 85.40（發生在第五波的末端）。

第十一次是在 2007 年 11 月，K 線以 74.52 向下交叉 D 線 81.70，而前一個月的 K 線仍為 86.70（發生在第五波的末端）。

（四）第四次循環裡的七次：

第十二次是在 2010 年 2 月，K 線以 75.13 向下交叉 D 線 80.68，而前一個月的 K 線仍為 83.95（發生在第一波的中端）。

第十三次是在 2011 年 3 月，K 線以 80.22 向下交叉 D 線 80.66（發生在第二波的首端）。

第十四次是在 2011 年 6 月，K 線以 73.57 向下交叉 D 線 79.20，而前一個月的 K 線仍為 83.49（發生在第二波的首端）。

第十五次是在 2014 年 7 月，K 線以 89.79 向下交叉 D 線 90.37（發生在第三波末端）。

第十六次是在 2015 年 6 月，K 線以 72.78 向下交叉 D 線 77.81，而前一個月的 K 線仍為 82.01（發生在第四波首端）。

第十七次是在 2017 年 9 月，K 線以 89.35 向下交叉 D 線 91.08（發生在第五波尾端）。

第十八次是在 2017 年 11 月，K 線以 86.38 向下交叉 D 線 89.66（發生在第五波尾端）。

上述的月 KD 在 80 附近形成十八次的死亡交叉

買 股 金 鐘 罩

綜觀台股 31 年（從 1987 至 2011 年），月 KD 曾經有 14 次在 80 附近形成死亡交叉。

中，發生在第五波（即末升段）末端的有九次，發生在第三波（即主升段）末端的有四次，發生在第二波首端有兩次，發生在第八波（即 C 波下殺主跌段）首端的有一次，發生在第一波（即初升段）末端的有一次，發生在第四波首端有一次。

月 KD 會走到 80，表示股價已經漲了一大段，很可能已經走到第五波（末升段）或第三波（主升段）的末端。從上述十八次的歷史經驗來看，月 KD 走到 80 之後出現死亡交叉的話，不是浮現第五波（末升段）的頭部，就是浮現第三波（主升段）的頭部，故此指標的參考價值甚高。

三、與費波南希數列的時間波吻合

根據台股 31 年裡四次循環的歷史經驗告訴我們，當月 K 線走完多頭行情的五個波段（或三個波段），而其上漲的月數達到 34、55、89 等費波南希數列（Fibonacci sequence），與其時間波吻合時，很有可能股價已經走到頭部了。

我們舉台股四次循環的實例來證明。

（一）台股第一次循環的起漲點眾說紛紜，若以1982年8月的421點為起漲，漲到1990年2月的12682點，剛好89個月；若以1985年7月的636點為起漲，漲到1990年2月的12682點，剛好55個月；若以本書1987年1月的1039點為起漲，漲到1990年2月的12682點，則是漲了37個月，距離費波南希數列的34僅差了3個月。

（二）台股第二次循環是從1990年10月的2485點起漲，漲到1997年8月的10256點，總共是83個月，與費波南希數列的89差了6個月；但若從次底部區1993年1月的3098點來算，漲到1997年8月的10256點，剛好又是55個月。

（三）台股第三次循環是從2001年9月的3411點起漲，漲到2007年10月的9859點，總共是74個月，與費波南希數列不吻合；但是若從2003年4月的4044點（SARS風暴低點）漲到2007年10月的9859點來算，頭尾剛好又是55個月。

（四）台股第四次循環是從2008年11月的3955點起漲，漲到2011年8月因美國債信降等而轉折大

買股金鐘罩

從歷史經驗來看，台股月KD會走到80，並形成死亡交叉，股價不是走到第五波的頭部，就是走到第三波的頭部。

跌，頭尾剛好是 34 個月。

四、股價跌破上升趨勢線

所謂「上升趨勢線」，是指當股價走到多頭行情第五波末升段（或第三波主升段）末端時，連接股價波動的兩個低點畫一條直線即成。

上升趨勢線又可分為原始上升趨勢線與修正上升趨勢線，前者是由第一個低點與第二個低點連接而成，後者是由第二個低點與第三個低點連接而成。這兩條線具有強而有力的支撐效果，是研判股票是否賣出的重要指標，其用法如下（請參閱附錄圖 9）：

（一）在日 K 線圖上，含下影線畫出原始上升趨勢線與修正上升趨勢線，前者參考價值較後者高。

（二）當股價跌破修正上升趨勢線（較陡峭那一條）時，出脫部分持股；當股價跌破原始上升趨勢線（較平緩那一條）時，出脫全部持股。

（三）若股價下跌、但沒跌破修正上升趨勢線時，多頭行情仍在，不用賣出持股。

（四）原始與修正兩條上升趨勢線均被跌破，代表頭部確立，故應出脫持股。

買股金鐘罩

股價一旦連續跌破上升趨勢線與移動平均線的年線時，就應趕緊賣出。

五、股價跌破移動平均線的年線

所謂的「移動平均線」（Moving Average，簡稱MA），即以道氏股價理論為基礎，把一定期間的股價加以平均，接著畫出一條移動線，然後在移動線與股價的互動關係中，找出多頭與空頭的訊息以及買進與賣出的訊號。這是由美國分析大師約瑟夫・葛蘭碧（Joseph Granville, 1923-2013）所提出。

移動平均線依其計算期間之長短，可區分為 5 日移動平均線（或稱「週線」）、10 日移動平均線（或稱「半月線」）、20 日移動平均線（或稱「月線」）、60 日移動平均線（或稱「季線」）、120 日移動平均線（或稱「半年線」）、240 日移動平均線（或稱「年線」）。

「年線」代表的是投資人一年來買進的平均成本，這條線即是重要支撐，也是多空重要指標；換言之，一檔股票跌到年線附近徘徊，表示多空在此激戰。倘若股價最終站在年線之上，代表多方勝，持股

續抱；倘若股價最終跌破年線，代表空方勝，頭部浮現，持股趕緊出脫。

除了上述五個訊號，大盤來到頭部區時，也會出現日 K 線形成做頭形態、M1b 與 M2 形成死亡交叉、成交量暴增、最大量月 K 線的低點被跌破、5 月 RSI 呈現背離等現象，因篇幅之故，此處不再贅述，讀者請參閱拙作《逮到底部，大膽進場》第九章〈頭部出現的 10 個訊號〉。

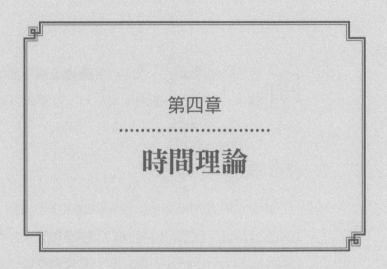

第四章

······················

時間理論

股價的修正除了空間波，就是時間波。
時間理論即是探討時間波修正的學問，
它可以協助投資人準確地逮到頭部與底部。

所謂「時間理論」，乃是利用費波南希數列中的數字，有效地去預測（或估算）股價的漲幅與跌幅。因其參考價頗高，故為投資人所關注。

神奇的費波南希數列

費波南希數列是指十三世紀數學家李奧納多‧費波南希（Leonardo Fibonacci, 約 1170-1250）在其所著《算學》（*Liber Abaci*）一書中的一系列神奇數字，包含：1、1、2、3、5、8、13、21、34、55、89、144、233、377、610、987、1597、2584…，直到無限。

這些數字有四個神奇之處：

一、數列中任何一個數字，都是前面兩個數字之總和。

$$1+1=2 \quad 1+2=3$$
$$2+3=5 \quad 3+5=8$$
$$5+8=13 \quad 8+13=21$$
$$13+21=34 \quad 21+34=55$$
$$34+55=89 \quad 55+89=144$$

$$89+144=233 \qquad 144+233=377$$
$$233+377=610 \qquad 377+610=987$$
$$610+987=1597 \qquad 987+1597=2584$$
$$\cdots\cdots$$

二、從 1 開始，任何兩個相鄰的數字平方後相加，必等於後面的一個神奇數字。

$$1^2+1^2=2 \qquad 1^2+2^2=5$$
$$2^2+3^2=13 \qquad 3^2+5^2=34$$
$$5^2+8^2=89 \qquad 8^2+13^2=233$$
$$13^2+21^2=610 \qquad 21^2+34^2=1597$$
$$\cdots\cdots$$

三、從 1 開始，任何兩個相隔的數字平方後相減，也必定等於後面的一個神奇數字。

$$3^2-1^2=8 \qquad 5^2-2^2=21$$
$$8^2-3^2=55 \qquad 13^2-5^2=144$$
$$21^2-8^2=377 \qquad 34^2-13^2=987$$
$$55^2-21^2=2584 \qquad \cdots\cdots$$

　　四、任何一個數字除以後一個數字，其結果逐漸收斂到 0.618。

$$1 \div 1 = 1 \qquad 1 \div 2 = 0.5$$
$$2 \div 3 = 0.666 \qquad 3 \div 5 = 0.6$$
$$5 \div 8 = 0.625 \qquad 8 \div 13 = 0.615$$
$$13 \div 21 = 0.619 \qquad 21 \div 34 = 0.6176$$
$$34 \div 55 = 0.6181 \qquad 55 \div 89 = 0.6179$$
$$89 \div 144 = 0.618 \qquad 144 \div 233 = 0.618$$
$$233 \div 377 = 0.618 \qquad 377 \div 610 = 0.618$$
$$610 \div 987 = 0.618 \qquad 987 \div 1597 = 0.618$$
$$1597 \div 2584 = 0.618 \qquad \cdots\cdots$$

　　請注意，數目字愈大愈準確，算到後面得出來的結果都是 0.6180339，你不得不承認，0.618 是一個既神祕又美妙的數字。

　　0.618 與 0.382（兩者加起來等於 1）乃是股市分析中常用的黃金切割率。

　　這個看似簡單的費波南希數列，其中隱含了大自然的神奇力量。老子《道德經》所云：「道生一，一生二，二生三，三生萬物。」早就告訴我們這個道理，只是我們沒有能力去體會罷了。

波浪理論處處可見神奇數字

　　波浪理論的發明人艾略特洞悉其神奇的力量，並用這一組數列來解釋波浪理論，請先看下方表格。

波浪形態 ＼ 波浪數目	多頭行情波浪數目	空頭行情波浪數目	完整循環波浪數目
標準基本波（primary wave）	5	3	8
中型波（intermediate wave）	21	13	34
小型波（minor wave）	89	55	144
細小波（minute wave）	377	233	610
微小波（miniature wave）	1597	987	2584

　　一、表中的第一個型態是「標準基本波」，其中包括多頭行情的 5 波與空頭行情的 3 波，總共加起來

是一個完整循環的 8 波。有關此部分在本書第二章〈循環理論〉中已有詳細解說，此處不再重複（請參閱第二章圖 2-1）。

二、表中的第二個型態是「中型波」，其中包括多頭行情的 21 波與空頭行情的 13 波，總共加起來是一個完整的 34 波。根據艾略特的研究，他發現波中有小波，也就是前述第一個標準基本波的八大波段中，第一波又可分為 5 小波，第二波又可分為 3 小波，第三波又可分為 5 小波，第四波又可分為 3 小波，第五波又可分為 5 小波，第六波又可分為 5 小波，第七波又可分為 3 小波，第八波又可分為 5 小波。這麼一來，八大波段就變成 34 個小波段了（請參閱第二章圖 2-2）。

三、表中的第三個型態是「小型波」，其中包括多頭行情的 89 波與空頭行情的 55 波，總共加起來是一個完整的 144 波。根據艾略特的研究，他發現不但波中有小波，而且小波中亦有小小波，倘若再把前述中型波裡第一小波又再分為 5 個小小波，第二小波又再分為 3 個小小波，第三小波又再分為 5 個小小波，

第四小波又再分為 3 個小小波，第五小波又再分為 5 個小小波……，這麼一來，34 小波就變成 144 小小波了。

　　四、表中的第四個型態是「細小波」，其中包括多頭行情的 377 波與空頭行情的 233 波，總共加起來是一個完整的 610 波。根據艾略特的研究，他發現不但波中有小波，小波中有小小波，而且小小波中還有細小波。倘若再把前述小型波中第一個小小波又再分為 5 個細小波，第二個小小波又再分為 3 個細小波，第三個小小波又再分為 5 個細小波，第四個小小波再分為 3 個細小波，第五小小波又再分為 5 個細小波……，這麼一來，144 個小小波就變成 610 個細小波了。

　　五、表中的第五個型態是「微小波」，其中包括多頭行情的 1597 波與空頭行情的 987 波，總共加起來是一個完整的 2584 波。根據艾略特的研究，他發現不但波中有小波，小波中有小小波，小小波中還有細小波，而且細小波中還有微小波。若再把前述細小波中第一個細小波又再分為 5 個微小波，第二個細小波又

再分為 3 個微小波，第三個細小波又再分為 5 個微小
波，第四個細小波又再分為 3 個微小波，第五個細小
波又再分為 5 個微小波……，這麼一來，610 個細小
波就變成 2584 個微小波了。

不知道讀者有沒有發現到，艾略特在進行波中波
與浪中浪的演繹推算中，不論標準基本波中出現的
5、3、8，中型波中出現的 21、13、34，小型波中出
現的 89、55、144，細小波中出現的 377、233、610，
還是微小波中出現的 1597、987、2584，都是費波南
希數列中的數字。由此我們即可明確看出，艾略特是
用費波南希的神奇數字來解說其波浪理論，而且從
3、5、8、13、21、34、55、89、144、233、377、
610、987、1597、2584 等，一個數字都沒漏掉。

讀者或許會質疑，費波南希數列中 3 前面的 1、
1、2 等三個數字，怎麼沒有出現在艾略特的波浪理論
呢？其實是有的，艾略特的波浪理論裡面，標準基本
波之前還有一個「原始循環波」（cycle wave），請看
下表：

波浪數目 波浪形態	多頭行情 波浪數目	空頭行情 波浪數目	完整循環 波浪數目
原始循環波	1	1	2
標準基本波	5	3	8
中型波	21	13	34
小型波	89	55	144
細小波	377	233	610
微小波	1597	987	2584

　　此處「原始循環波」的意思是，在一個股價的完整循環中，從月K線去觀察，最常出現的固然是標準基本波所呈現的多頭行情走5波，空頭行情走3波，總共完整循環為8波；但亦有可能出現的是，原始循環波所呈現的多頭行情走1波，空頭行情走1波，總共完整循環為2波。

　　如此一來，1、1、2、3、5、8、13、21、34、55、89、144、233、377、610、987、1597、2584等一系列的費波南希數列就齊全了。

　　根據艾略特的波浪理論，波浪的形態固然有原始循環波、標準基本波、中型波、小型波、細小波、微小波等之區別，然而依據筆者實際運用在台股的解析與操盤，還是以標準基本波最好用，詳情請參閱本書第三章〈循環理論〉。

　　筆者亦見過若干投顧老師以中型波或小型波來解說日 K 線或時 K 線，但其準確性不高，有牽強附會之嫌，故筆者並不推薦使用。

由時間理論預測股價

　　其實時間理論最有價值之處，乃是利用費波南希數列中的數字，再配合艾略特的波浪理論，有效地去預測股價的漲幅與跌幅，也就是有效地去逮到股價的頭部區與底部區。

　　我們就拿台股的四次循環來解說。

一、第一次循環（請參閱附錄圖 1）

　　（一）台股第一次循環的起漲點，因當時月成交量不到台幣 1,000 億，故以何時為起漲點頗有爭議。

若以 1982 年 8 月的 421 點為起漲點，漲到 1990 年 2 月的 12682 點，剛好漲了 89 個月。

（二）若以 1985 年 7 月的 636 點為起漲點，漲到 1990 年 2 月的 12682 點，剛好漲了 55 個月。

（三）若以 1987 年 1 月的 1039 點為起漲點，漲到 1990 年 2 月的 12682 點，則是漲了 37 個月，距離費波南希數列的 34，相差了 3 個月。

（四）台股第一次循環的空頭行情，從 1990 年 2 月的高點 12682 點跌到 1990 年 10 月的 2485 點，剛好跌了 8 個月。

二、第二次循環（請參閱附錄圖 2）

（一）台股第二次循環第一波上漲，是從 1990 年 10 月的 2485 點起漲，漲到 1991 年 5 月的 6365 點，剛好漲了 8 個月。

（二）台股第二次循環第二波回檔整理，從 1991 年 5 月的 6365 點下跌到 1993 年 1 月的 3098 點，前後剛好 21 個月。

（三）台股第二次循環第三波上漲，從 1993 年 1

買股金鐘罩

時間理論最有價值之處，乃是利用費波南希數列中的數字，再配合艾略特的波浪理論，有效預測股價的漲幅與跌幅，也就是有效地去逮到股價的頭部區與底部區。

月的 3098 點漲到 1994 年 10 月的 7228 點，剛好漲了
21 個月。

（四）台股第二次循環第二波低點漲到第五波的
高點，是從 1993 年 1 月的 3098 點漲到 1997 年 8 月的
10256 點，剛好漲了 55 個月。

（五）台股第二次循環 A 波（即第六波）下跌，
是從 1997 年 8 月的 10256 點跌到 1999 年 2 月的 5422
點，下跌了 19 個月，距離費波南希數列的 21，相差
了 2 個月。（請注意，有時會相差 1、2 個月。）

（六）台股第二次循環 B 波（即第七波）反彈整
理，是從 1999 年 2 月的 5422 點上漲到 2000 年 2 月的
10393 點，頭尾剛好 13 個月。

（七）台股第二次循環 C 波（即第八波）下殺，
是從 2000 年 2 月的 10393 點下跌到 2001 年 9 月的
3411 點，下跌了 20 個月，距離費波南希數列的 21，
僅差 1 個月。

三、第三次循環（請參閱附錄圖 3）

（一）台股第三次循環的第一波上漲，是從 2001

年 9 月的 3411 點起漲，漲到 2002 年 4 月的 6484 點，頭尾剛好 8 個月。

（二）台股第三次循環的第二波回檔整理，是從 2002 年 4 月的 6484 點下跌到 2002 年 10 月的 3845 點，頭尾 7 個月，距離費波南希數列的 8，相差 1 個月。

（三）台股第三次循環的第三波上漲，從 2002 年 10 月的 3845 點漲到 2004 年 3 月的 7135 點，上漲 18 個月，距離費波南希數列的 21，相差 3 個月。

（四）台股第三次循環的第四波回檔整理，是從 2004 年 3 月的 7135 點下跌到 2004 年 8 月的 5255 點，下跌 6 個月，距離費波南希數列的 5，相差 1 個月。

（五）台股第三次循環的第五波上漲，是從 2004 年 8 月的 5255 點上漲到 2007 年 10 月的 9859 點，上漲 39 個月，距離費波南希數列的 34，相差了 5 個月；然而若從 2003 年 4 月的 4044 點漲到 2007 年 10 月的 9859 點來算，頭尾剛好又是 55 個月。

（六）台股第三次循環的空頭 A、B、C 下殺行情，從 2007 年 10 月的 9859 點下跌到 2008 年 11 月的 3955 點，剛好又是下跌了 13 個月。

買 股 金 鐘 罩

運用費波南希數列去預測（或估算）台股任何一次循環的漲跌幅度，雖然談不上百分之百準確，卻有很高的參考價值。

四、第四次循環（請參閱附錄圖 4）

（一）台股第四次循環的第一波上漲，是從 2008 年 11 月的 3955 點起漲，漲到 2011 年 9 月的 9220 點，上漲了 34 個月，剛好吻合費波南希數列的 34。

（二）台股第四次循環第二波回檔整理，是從 2011 年 9 月的 9220 點下跌到 2011 年 12 月的 6609 點，剛好下跌了 3 個月。

（三）台股第四次循環的第三波上漲，是從 2011 年 12 月的 6609 點上漲到 2015 年 4 月的 10014 點，上漲了 40 個月，距離費波南希數列的 34，相差 6 個月。

（四）台股第四次循環的第四波回檔，是從 2015 年 4 月的 10014 點回檔到 2015 年 8 月的 7203 點，下跌了 4 個月，距離費波南希數列的 5，相差 1 個月。

（五）台股第四次循環的第五波上漲，是從 2015 年 8 月的 7203 點上漲到 2018 年 1 月的 11270 點，上漲了 29 個月，距離費波南希數列的 34，相差 5 個月。

走筆至此，對於時間理論可得到下列五點寶貴的結論：

一、運用費波南希數列去預測（或估算）台股的漲跌幅度，以第二次循環最為準確，第一次與第四次循環次之，第三次循環再次之。

二、運用費波南希數列去預測（或估算）台股的漲跌幅度，雖然談不上百分之百準確，卻有很高的參考價值。

三、運用費波南希數列去預測（或估算）台股的漲跌幅度，不論哪一次循環，空頭行情都比多頭行情好抓。

四、運用費波南希數列去預測（或估算）台股的漲跌幅度，多頭行情（抓頭）時請留意 34、55、89 等月份，空頭行情（摸底）時請留意 8、13、21 等月份。

五、台股第四循環多頭行情的轉折用 55 或 89 個月去推算均不準確，竟然來到 111 個月，是少有的例外。

買 股 金 鐘 罩

運用費波南希數列去預測（或估算）台股任何一次循環的漲跌幅度，多頭行情（抓頭）時請留意 34、55、89 等月份，空頭行情（摸底）時則請留意 8、13、21 等月份。

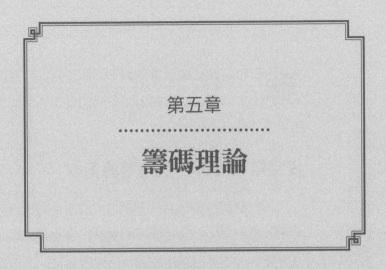

第五章

·····························

籌碼理論

籌碼就是成交量。
成交量是用銀彈堆砌起來的,
所以最真實,不會騙人,
它能有效地協助投資人找到頭部與底部。

籌碼理論就是成交量理論，亦即根據成交量的變化來研判股價的底部區和頭部區與未來走漲或是走跌的趨勢。

成交量是股市多空趨勢的指標

美國華爾街股市有一句名言：股市裡充斥著各色各樣的謊言，成交量是唯一的例外。成交量是股市的多方或空方用鈔票砸出來的，不可能是假的，所以成交量不會說謊，它是唯一能夠代表股市真實情況的誠實指標。

股市多頭行情的榮景是由成交量堆砌起來的。成交量必定是股價的先行指標，不論是大盤或類股或個股，沒有量就沒有價，多頭行情要發動，一定要先看到量。因此，成交量乃是股市或晴或雨的溫度計，甚至有人視之為股市裡多空趨勢的指標。

股市裡新手看價，老手看量。股齡超過 10 年的老手很清楚，股價乃是作手誘多或誘空的工具，基本上微不足道。老手深知，量是實，價是虛；量是裡，價是表；量是因，價是果。股市裡追逐虛表股價的新手

才會追漲殺跌，不是追到高檔就是殺到低檔。老手們見價抱持平常心，不為其漲所誘惑，亦不為其跌所恐懼，冷靜從成交量中研判出股價的底部區而大膽買進，亦從成交量中研判出股價的頭部區而果斷賣出。

　　就如同美國投資專家約瑟夫‧葛蘭碧曾說：「成交量才是股市之元氣，而股價只是成交量的表徵罷了，因此，成交量永遠走在股價前面。」換言之，量是價的先行指標。所以，在量價配合的情況下，股價才有可能走出多頭行情；在量價背離的情況下，股價

股市分析大師：約瑟夫‧葛蘭碧

　　約瑟夫‧葛蘭碧出生於 1923 年，是美國股市知名分析師、作家及演說家。他在 1960 年提出著名的「移動平均線」，就是以道氏股價理論為基礎，把一定期間的股價加以平均，接著畫出一條移動線，然後在移動線與股價之間的變化尋找買賣點。不久，他又提出「能量潮」（On Balance Volume，簡稱 OBV），亦即把成交量與股價之間的變化給予數據化之後，再畫成線，從中研判出買氣的強弱，以決定買進或買出。

　　他因提出移動平均線與能量潮成就其大師的地位，但因在 1980 年代兩度看錯行情走勢，使其聲譽受損。

買股金鐘罩

成交量必定是股價的先行指標，不論是大盤或類股或個股，沒有量就沒有價，多頭行情要發動，一定要先看到量。

會反轉下跌，走出空頭行情。

所謂量價配合就是量價同步，也就是當股價上漲時，成交量隨著逐漸擴大；而股價下跌時，成交量隨著逐漸萎縮的意思。至於量價背離就是價量分歧，當股價上漲時，成交量反而逐漸萎縮；而股價下跌時，成交量反而逐漸擴大的意思。

總之，投資人研判一支股票的多空走勢或底部頭部時，千萬不要被虛幻的股價迷惑，而是要從成交量的變化中研判出走多或走空的原由，以及該支股票位居底部區或頭部區的道理所在，這樣才能百戰不殆。

底部區出現時成交量的變化

根據筆者在台股 31 年的實際操作經驗，每次底部區出現時，成交量都會出現下列變化：

一、月成交量大幅萎縮

請參閱本書第三章〈位置理論〉第一小節，此處不再重複。

二、融資餘額的跌幅大於大盤的跌幅

這裡說的是用融資買賣者成交量變化的情況，請參閱本書第三章〈位置理論〉第一小節，此處便不再重複。

三、從週成交量看出已經打底成功

當股價走到艾略特波浪理論中的第八波（即俗稱的 C 波）末端與另一新循環第一波起漲交接之處，必有一段不算短（期間不定）的打底階段，此時股價的最大特色就是橫向盤局整理，這在日 K 線上即可看得非常清楚。那麼，究竟要整理多久股價才能突破盤局，走出一個新循環的多頭行情呢？這從週成交量可瞧出端倪。

我們從週 K 線去觀察，不論大盤或是各股，經過最後一波狠狠下殺之後，股價進入橫向盤局整理。上述最後一波每週成交量的總合就是上檔的賣壓，而打底橫向整理就是在消化賣壓。當橫向整理週成交量的總和相當於上檔賣壓的總合時，即表示上檔浮動籌碼已被清洗乾淨，股價即將轉空為多，走出另一多頭行

情之時。

我們以石化龍頭台塑（1301）股價為例說明之。

（一）在台股第三循環之中，從週 K 線去觀察，股價最後一波的下殺是從 2008 年 11 月 3 日那一週開始，連續下殺 8 週到 2008 年 12 月 22 日那一週為止，其間累積的上檔賣壓總張數計算如下：

73,719 張＋ 59,983 張＋ 69,689 張＋ 71,701 張
＋ 65,695 張＋ 85,485 張＋ 100,164 張＋ 55,252 張
＝ 581,688 張

（二）台塑是從 2008 年 12 月 29 日那一週開始橫向整理消化，一直到 2009 年 3 月 9 日那一週，連續整理 11 週之後，其橫向整理週成交量的總和為 629,923 張，已經大於上檔賣壓的總和 581,688 張，其計算方式如下：

55,252 張＋ 22,227 張＋ 146,283 張＋ 56,847 張＋

31,697 張＋ 59,845 張＋ 54,832 張＋ 37,439 張＋

35,423 張＋ 40,900 張＋ 89,178 張＝ 629,923 張

（三）從台塑的成交量即可看出，在 2009 年 3 月
9 日那一週，上檔的賣壓已被洗清，故股價就在那一
週正式反空為多、反轉向上。

四、各股週 K 線明顯出量

前述底部區出現時成交量的第一個變化是：月成
交量大幅萎縮，切記，這是指大盤而言，對各股來
說，根據筆者操盤的經驗，成交量非但不一定會萎
縮，而且在週 K 線反而有明顯出量的現象。

各股殺到第八波的末端，如果發現週 K 線明顯出
量的話，而且其成交量達到平常的 1.5 倍至 2 倍，這
個明顯量出現 1 至 2 週，此乃主力在底部吃貨的跡象，
應密切留意。

主力在吃貨後，通常不會立刻拉抬，而會出現洗
盤的動作，主力的洗盤長達數週，這個最後洗盤的動
作，常會故意再把股價往下打，這是投資人最受煎熬

的時刻，投資人若能咬牙度過這最後的洗盤階段，再來就雨過天青了。可嘆的是，大多數投資人受不了最後洗盤的痛苦而出脫持股，結果當然是賣在最低點。這也難怪投資散戶常會有「賣掉它就漲了」之感嘆。

五、籌碼從猶豫者手中轉到固執者手中

歐洲投資大師安德烈‧科斯托蘭尼認為，股價的走漲或走跌僅僅取決於一個因素：股票的籌碼是掌握在固執的投資人手中，還是掌握在猶豫的投資人手

歐洲投資大師：安德烈‧科斯托蘭尼

安德烈‧科斯托蘭尼是歐洲著名的投資大師，有「德國的巴菲特」之稱。他為人幽默，嘲諷自己是個「投機者」，著有《一個投機者的告白》、《金錢遊戲》、《證券心理學》等膾炙人口的作品。

從 80 年的股市實戰經驗中，他體會出兩點寶貴的結論：一是在股市投機沒有任何科學的公式，因為它是一門藝術，講究的是經驗與天分，只有依靠豐富的實戰經驗才能知道何時該買、何時該賣；二是在股市所賺的錢往往不是靠腦袋，而是靠坐功。

中？若是前者，股市走漲；若是後者，則股市走跌。

　　根據科斯托蘭尼數十年的實戰經驗，在股票市場裡，每一次行情大漲和大跌（這是我所說的「完整循環」）都是由修正階段（我所說的「底部區」）、調整階段（我所說的「中部區」）、過熱階段（我所說的「頭部區」）等三個階段所構成。

　　他指出，當行情大跌處於修正階段（即底部區）時，倘若出現很大的成交量，這表示股票的籌碼已經從猶豫者手中轉到固執者手中。當固執者掌握了大部分的籌碼，那麼前景看好，因為他們對市場發出的壞消息毫不在乎（即利空不跌），故股價會止跌上漲。

　　此處所指修正階段（即底部區）出現很大的成交量，與我前述「週 K 線明顯出量」可說不謀而合。

六、W 底打底的成交量特徵

　　所謂「W 底打底」，是指股價走勢有如英文字母 W 的形狀，在此價位區獲得支撐，盤檔整理。

　　W 底通常經由下面兩個步驟形成（請參閱圖 5-1）：

圖 5-1　W底

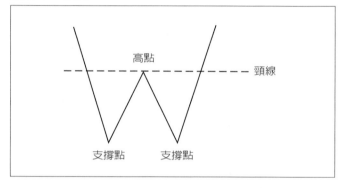

（一）股價走到空頭行情第八波的末端，由於賣壓減輕、買盤進駐，底部獲得支撐之後，反彈回升，到達第一個高點，完成了 W 底的前半段。

（二）然後，股價又從高點下跌，跌到上次底部附近（有時稍高於前次底部，有時稍低於前次底部），再度反彈回升，其升幅超過前次的高點，不但完成二度探底，也完成 W 底的後半段，形成一個完整的 W 底。

W 底打底過程中，有三點需要留意：

（一）通常 W 底兩次探底的支撐點股價相當，以

第一個高點為支點，畫一條與兩個支撐點平行的線，即成為 W 底的頸線。

（二）二度探底反彈回升超過頸線後，如果發生第三次回跌，其跌幅不得超過第二次跌幅的三分之一，而後立即再反彈回升，創另一新高點，W 底才告正式確立。否則，仍是個盤局。

（三）W 底打底時，成交量的特徵是與股價形成價量同步的配合現象，亦即價跌量縮、價漲量增，這現象表示浮額已逐漸被洗清，買盤力道逐漸增強中。

頭部區出現時成交量的變化

根據筆者在台股 31 年的實際操作經驗，每次頭部區出現時，成交量都會出現下列變化：

一、月成交量暴增

台股以往的歷史經驗明明白白地告訴我們，在前三次循環中，每一次多頭行情的五波段走完做頭之時，月成交量都會出現暴增的現象，明確的月份與成交量說明如下：

（一）第一次發生在 1990 年 2 月，當月的成交量從前一個月的 23,439 億暴增至 35,245 億，那也是第五波末升段最大量的月份。事後證明，1990 年 2 月的 12682 點，正是那一段多頭行情的最高價（請參閱附錄圖 10）。

（二）第二次發生在 1997 年 7 月，當月的成交量從前一個月的 38,150 億暴增至 51,972 億，那也是第五波末升段最大量的月份。事後證明，隔一個月 1997 年 8 月的 10256 點，正是那一波多頭行情的最高價（請參閱附錄圖 11）。

（三）第三次發生在 2007 年 7 月，當月的成交量從前一個月的 30,067 億暴增至 50,316 億，那也是第五波末升段最大量的月份。事後證明，隔三個月 2007 年 10 月的 9859 點，正是那一波多頭行情的最高價（請參閱附錄圖 12）。

根據以上三次的資料顯示，在多頭行情的第五波末升段，當股價全面暴漲、演出噴出行情、而且月成交量暴增到突破或接近以往的最高紀錄時，即可藉此

研判股價走到頭，天價即將產生。

　　月成交量暴增固然表示頭部即將浮現，然而此頭部的天價有時落在當月（如 1990 年 2 月），有時落在隔月（如 1997 年 8 月），有時落再隔兩、三個月（如 2007 年 10 月）。

　　到 2018 年 2 月底為止，台股正在走的第四次循環，月成交量大約在 19,000 億至 31,000 億之間徘徊，截至 2018 年 2 月底為止，仍未見到月成交量有明顯暴增的現象。

二、最大量月 K 線的低點被跌破

　　月成交量暴增之後，那一根月 K 線的低點被跌破的話，頭部區再度被確認。那一根暴量月 K 線的低點乃是重大支撐所在，重大支撐既然跌破，頭部區宣告正式成立。

　　我們舉台股三次循環中的三個實例來說明。

　　台股第一次循環是從 1987 年 1 月的 1039 點起漲，走五波多頭行情，一直走到 1990 年 2 月的 12682 點結束。此波多頭行情的最大月成交量出現在 1990 年 2 月

的 35,245 億，結果這一根最大量月 K 線的低點 10995
點在 1990 年 3 月就被跌破，頭部宣告成立（請參閱附
錄圖 13）。

台股第二次循環是從 1990 年 10 月的 2485 點起
漲，走五波多頭行情，一直走到 1997 年 8 月的 10256
點結束。此波多頭行情的最大月成交量出現在 1997 年
7 月的 51,972 億，結果這一根最大量月 K 線的低點
8988 點在 1997 年 9 月就被跌破，頭部宣告成立（請
參閱附錄圖 14）。

台股第三次循環是從 2001 年 9 月的 3411 點起漲，
走五波多頭行情，一直走到 2007 年 10 月的 9859 點結
束。此波多頭行情的最大月成交量出現在 2007 年 7 月
的 50,316 億，結果這一根最大量月 K 線的低點 8849
點在 2007 年 11 月就被跌破，頭部宣告成立（請參閱
附錄圖 15）。

到 2018 年 2 月底為止，台股第四次循環的第五波
中，成交量最大的月份出現在 2018 年 1 月的 30,595
億，此根最大量月 K 線的低點 10650 點若被跌破，頭
部即宣告成立。

三、月成交量出現量價背離

所謂月成交量出現量價背離，是指從月 K 線去觀察股價上漲但成交量反而萎縮，或者股價不漲（或下跌）而成交量劇增。

以台股第三次循環第五波的高點 9859 點為例，2007 年 7 月之月成交量暴出 50,316 億巨量，而加權股價指數達 9807 點；同年 10 月，加權股價指數達 9859 點，但月成交量縮小為 35,491 億，很明顯股價上漲但成交量反而萎縮，量價背離，已經走到了頭部區（請參閱附錄圖 12）。

再以台股第四次循環第一波的高點 9220 點為例，2010 年 12 月加權股價指數來到 8990 點，而月成交量達 31,026 億；到了 2011 年 2 月，加權股價指數達 9220 點，而月成交量卻萎縮到 19,461 億，很明顯股價上漲但成交量反而萎縮，為量價背離。

四、籌碼從固執者手中轉到猶豫者手中

歐洲投資大師安德烈・科斯托蘭尼認為，股票的籌碼若掌握在固執的投資人手中的話，股價就會上

買 股 金 鐘 罩

台股第四次循環的第五波最大月份成交量為 30,595 億，其低點 10650 若被跌破，頭部即宣告成立。

漲；股票的籌碼若掌握在猶豫的投資人手中的話，股價則會下跌。

根據科斯托蘭尼數十年操作經驗，在股票市場裡，每一次行情漲跌循環（即完整循環）都是由修正階段（即底部區）、調整階段（即中部區）、過熱階段（即頭部區）等三個階段所構成。

他指出，當行情大漲處於過熱階段（即頭部區）時，成交量愈來愈大，股價持續上漲，籌碼已經逐漸

安德烈・科斯托蘭尼的金錢觀

科斯托蘭尼畢生富裕、優雅、從容，認為有許多東西比錢財更重要，譬如享受美食、上等葡萄酒、美女、音樂等等，但這些都要靠足夠的金錢才能完成。他對金錢有下列五點精闢的看法：

一、雖然沒有人談錢，但每個人都想著錢。

二、股市投機中賺的是痛苦錢，必定先有痛苦，然後才有錢賺。

三、金錢能彌補醜陋與殘疾的缺憾。

四、如果女人因為錢而愛上男人，他認為並不可恥，因為金錢代表其成就，所以她會受到吸引。

五、在櫃檯清點每天賺進的大把鈔票，會使人的性慾蠢蠢欲動。

從固執者手中轉到猶豫者手中。當猶豫者掌握了大部分的籌碼時，前景堪憂，因為他們對市場發出的好消息沒有反應（即利多不漲），故股價會止漲下跌。

五、M 頭做頭的成交量特徵

所謂「M 頭做頭」，是指股價走勢有如英文字母 M 的形狀，在此價位區遭遇賣壓，受阻無法再向上突破而到頂。

M 頭通常由下面兩個步驟形成（請參閱圖 5-2）：

圖 5-2　M 頭

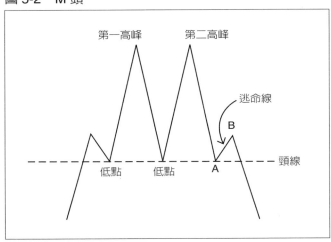

買 股 金 鐘 罩

歐洲投資大師安德烈·科斯托蘭尼認為，當股票的籌碼掌握在猶豫者手中的時候，他們的市場發出的好消息沒反應，故股價會止漲下跌。

（一）股價走到多頭行情第五波的末端，由於漲幅已大，遭遇獲利回吐的賣壓在出現大成交量之後，股價開始下跌，同時成交量明顯萎縮，於是形成了第一高峰。

（二）接著，股價從第一高峰的低點反彈，上升到第一高峰附近又遭遇賣壓，成交量隨著放大（但小於第一高峰處的成交量）。然後股價回跌，跌到第一高峰的低點附近，於是形成了第二高峰。此兩個高峰就形成了 M 頭。

M 頭做頭過程中，有三點需要留意：

（一）兩個波峰的高度相當，誰是主峰並不明顯，但第二高峰處的成交量會小於第一高峰處的成交量，亦即向上突破遇賣壓的成交量，有一波比一波少的趨勢，這表示多頭買盤的力道已逐漸衰竭。

（二）股價的跌幅必須超過頸線價格 3% 以上時，M 頭才告確立，否則仍是盤局。

（三）股價從第二高峰的頂點往下跌，當跌到第二高峰的低點（即頸線）處 A 時，通常 A 點會反彈至

B 點。A 至 B 的反彈一般稱之為多頭逃命波，也是投資人賣出持股的最後機會。若錯失機會，股價就從 B 點一瀉千里往下走了。

買股金鐘罩

當股價在 M 頭的第二波高峰高點往下跌至第二高峰低點時，由低點反彈至高點的這段多頭逃命波，是投資人賣出持股的最後機會。

第六章

••••••••••••••••••••••••••

棄取理論

在股市裡，大家都知道要反市場操作，
亦即人棄我取、人取我與，
這個道理很簡單，但知易行難，
大多數人都做不到。

所謂「棄取理論」，就是人棄我取、人取我與的操作方法。換言之，當大多數人一致看壞行情時，就是空頭行情走到底之時，你要看好，勇於買進；當大多數人一致看好行情時，就是多頭行情走到頂之時，你要看壞，毅然賣出。

「人棄我取，人取我與」的股市哲學

「人棄我取，人取我與」的觀念出自司馬遷《史記》中〈貨殖列傳〉提到的大商人白圭，其原文如下：

> 白圭，周人也。當魏文侯時，李克務盡地力，而白圭樂觀時變，故人棄我取，人取我與。夫歲孰取穀，予之絲漆；繭出取帛絮，予之食。太陰在卯，穰；明歲衰惡。至午，旱；明歲美。至酉，穰；明歲衰惡。至子，大旱；明歲美，有水。至卯，積著率歲倍。欲長錢，取下穀；長石斗，取上種。能薄飲食，忍嗜欲，節衣服，與用事僮僕同苦樂，趨時若猛獸摯鳥之發。

上述這段文言文翻譯成白話的意思是：白圭是西周人士，當魏文侯在位時，重用李克（即李悝）變法鼓勵農民精耕細作、提高產量，而白圭卻喜歡觀察農產品豐收及歉收時節與價格之間的變化，因此當大多數人因產量過剩而低價拋售時，他就勇於收購；當因產量不足而高價索取時，他就果斷賣出。當五穀成熟時節，他買進糧食，售出絲綢與漆器；當蠶繭抽絲季

買 股 金 鐘 罩

當下多數人一致看壞行情時，就是空頭行情走到底之時，你要看好；當大多數人一致看好行情時，就是多頭行情走到頂之時，你要看壞。

中國商業鉅子：白圭

白圭是戰國時代初周（今河南洛陽）人，是中華民族的經商祖師，他因擅長經營農產品買賣獲取巨大財富，並能回報社會而名滿天下。司馬遷說：「蓋天下言治生祖白圭。」意思是說：談到天下做生意之道，白圭堪稱為眾人的祖師爺，宋朝真宗皇帝曾封他為「商聖」。

白圭的精營理念是從大處著眼，綜觀生意全局，從不短視貪圖眼前蠅頭小利，也不以陰謀詭計詐騙牟利，他主要以觀察買賣的時勢變化為樂趣，並且善於逮到買進與賣出的時機而獲取大利。他經由深入研究氣候的變化，從中預測農產品生產的豐收、歉收、農災等規律，進而買進與賣出。總結白圭的經營思想只有 16 個字：人棄我取，人取我與；樂觀時變，發如猛獸。

節織成布時，他買進絲帛、棉絮，售出糧食。他深知，太歲在卯位時，穀物豐盛，次年收成不佳。太歲在午位時，會出現旱災，次年收成轉好。太歲在酉位時，穀物豐盛，次年收成不佳。太歲在子位時，會發生大旱，次年收成轉好，有雨水。太歲又來到卯位時，他因豐年買進囤積的農產品較往年加倍。他知道，若要一買一賣賺價差，只要次等的穀物即可；可是若要種植增加穀物石斗的容量，那就要選購上等的穀種。他能控制自己的慾望，飲食簡單，穿戴節約，與下面的奴僕同甘共苦，可是當賺錢的機會來臨時，行動就像猛獸凶禽捕食般敏捷迅速。

從上述的解釋可知，棄取理論的精髓就在於「人棄我取，人取我與」，白圭的做法是：當大多數人因產量過剩而低價拋售時，就勇於收購；當因產量不足而高價索取時，就果斷賣出。將其精神演繹到股市就成為：當大多數人因股價過低而恐懼拋售時，就勇敢買進；當因股價高漲而大多數人瘋狂追逐時，反而要捨得賣出。

貴上極則反賤，賤下極則反貴

在〈貨殖列傳〉中，司馬遷還提到了大理財家計然，他的理念與棄取理論也有密切關係，原文如下：

計然曰：「知鬥則修備，時用則知物，二者形則萬貨之情可得而觀已。故歲在金，穰；水，毀；木，饑；火，旱。旱則資舟，水則資車，物之理也。六歲穰，六歲旱，十二歲一大饑。夫糶，二十病農，九十病末。末病則財不出，農病則草不辟矣。上不過八十，下不減三

中國春秋經濟學家：計然

　　春秋時代越王句踐臥薪嘗膽富國的故事，大家都耳熟能詳。句踐兵敗之後，忍辱負重，廣納賢才，最終才能反敗為勝，擊敗強大的吳王夫差。幫助句踐復國的關鍵人物，除了眾人熟知的文種和范蠡之外，還有計然這個人。若說文種、范蠡兩人的功勞主要偏重在內政、軍事等方面的話，計然的功勞則是在經濟方面。計然提出復國之道，掌握貨物漲跌的道理去從事生產，為越國的復興奠定了堅實的經濟基礎。

買 股 金 鐘 罩

把棄取理論的精神演繹到股市就成為：當大多數人因股價過低而恐懼拋售時，你反而勇敢買進；當因股價高漲而大多數人瘋狂追逐時，你反而捨得賣出。

十，則農末俱利，平糶齊物，關市不乏，治國之道也。積著之理，務完物，無息幣。以物相貿易，腐敗而食之貨勿留，無敢居貴。論其有餘不足，則知貴賤。貴上極則反賤，賤下極則反貴。貴出如糞土，賤取如珠玉。財幣欲其行如流水。」

上述這段文言文是春秋時期越國名臣計然所說的一段話，翻譯成白話的意思是：要知道征戰，就要先做好戰備；要知道貨物何時生產為何人所用，才算懂得貨物。能夠把貨物生產的季節與需求關係弄清楚的話，那麼天下貨物的供需行情就瞭然於胸了。年歲在金時，就會豐收；年歲在水時，就會歉收；年歲在木時，就會饑荒；年歲在火時，就會乾旱。乾旱時期就要備多舟船以待水澇，水澇時期就要備多車輛以待乾旱，這乃是掌握貨物漲跌的道理去從事生產製造。農業生產的規律，一般是 6 年豐收、6 年乾旱、12 年發生一次大饑荒。糧食每斗的價格低到 20 錢，農人就因不敷成本而吃虧；每斗的價格高到 90 錢，商人就因不

易銷貨而吃虧。商人吃了虧，商品滯銷，錢財就不流通；農人吃了虧，農田就任其荒蕪而不去耕作。因此，每斗穀價最高不超過 80 錢，最低不少於 30 錢，這麼一來，農人與商人皆獲利。穀價隨著供需在 80 至 30 錢之間彈性調整，關卡稅收和市場供應都不虞匱乏，這才是治國之道。至於囤積貨物，務必貯存完好無缺且可久藏好銷的貨物，以免資金遭套牢。從事貨物的貿易時，只要是容易腐敗與剝蝕的貨物既勿久留，也勿囤積去求高價。若能研判貨物的過剩或不足，就能洞悉物價漲跌的趨勢。貨物漲到極限就會下跌，貨物跌到極限也會上漲。當上漲到極限時，就要把囤積的貨物如低價糞土般迅速賣出去；當下跌到極限時，就要把沒人要的貨物如珍貴珠寶般迅速買進來。錢財貨幣的流通，就要讓它像流水一樣，四通八達，無處不在。

計然講了長長一段話，其實對股市投資人而言，最要緊的是其中那句「貴上極則反賤，賤下極則反貴。貴出如糞土，賤取如珠玉」。把這句話的精神運用在股市就變成：股價跌到極限就會上漲，股價漲到

買股金鐘罩

當股價跌到極限、眾人一致看壞而都要賣股票時，必須把沒人要的股票如珍貴的珠寶般迅速買進來；當股價漲到極限、眾人一致看好而急著買股時，必須把股票如低賤的糞土般迅速賣出去。

極限就會下跌。當股價跌到極限、眾人一致看壞而都要賣股票時，必須把沒人要的股票如珍貴的珠寶般迅速買進來；當股價漲到極限、眾人一致看好而急著要買股時，必須把股票如低賤的糞土般迅速賣出去。

探討棄取理論，固然白圭的「人棄我取、人取我與」與計然的「貴上極則反賤，賤下極則反貴。貴出如糞土，賤取如珠玉」乃是中心思想，但他們提到的時間與時機也不能忽略。

有關白圭的部分，「太陰在卯，穰；明歲衰惡。至午，旱；明歲美。至酉，穰；明歲衰惡。至子，大旱；明歲美，有水。至卯，積著率歲倍。」他必定深諳天文地理，或是做過長期的統計工作，因此他知道何時豐年、何時荒年，何時有旱災、何時有雨水，何時豐收、何時歉收，何時由豐收轉歉收、何時又由歉收轉為豐收，白圭根據這些寶貴數據買進或賣出糧食，賺進大把銀兩。

有關計然的部分，「故歲在金，穰；水，毀；木，飢；火，旱。旱則資舟，水則資車，物之理也。六歲穰，六歲旱，十二歲一大饑。」他必定也深諳天文地

理，或是做過長期的統計工作，因此，他知道何時會
豐收、何時會歉收、何時會饑荒、何時會乾旱，甚至
連豐收、乾旱、大饑荒循環的年數都看出來了。計然
根據這些寶貴數據買進或賣出糧食，順理成章地成為
鉅富。

　　白圭與計然所掌握的時間與時機，讀者請回頭去
閱讀本書第四章之〈時間理論〉、第二章之〈循環理
論〉、第三章之〈位置理論〉，必定會有深刻的體悟。

身處群眾之中，最易迷失自己

　　與棄取理論有異曲同工之妙的，就是股票名著
《蘇黎士投機定律》作者馬克斯・甘特所提出的「論
群眾」。

　　要闡釋「論群眾」，有必要先說明法國著名心理
學家古斯塔夫・勒龐（Gustave Le Bon, 1841-1931）的
「群眾理論」，其主要觀點有三：

一、群體相互激盪、彼此影響

原本意見南轅北轍的個體處在一個群體之中，必

定相互激盪、彼此影響。這時他們逐漸喪失自我，慢慢分不清主觀與客觀，最終喪失理性、跟隨他人起鬨，做出許多荒唐怪誕的舉動。

二、群眾是無知的，不受理性支配，由情緒指揮

群眾是無知的，其中的無知又隱含著某種支配眾人的神祕力量。經過實驗，假如把一群聰明人聚集在一個狹小的空間裡，過不了多久，這群人將不再受理性支配，而由情緒指揮。

三、個體追隨群體，個人根據群眾

許多群眾運動（譬如示威遊行）告訴我們，群體對個體有莫大的影響力，一個在獨處時非常理性、冷靜的人，在群眾裡面可能跟隨群眾變得盲目、衝動，或者激進、狂熱，甚至冷酷、殘忍。

勒龐研究的結論是：在群眾裡面，個人最容易迷失自己，然後盲目地跟著無知的群眾走。

只有用勒龐的群眾理論，才能解釋許多成熟理性

的投資人，經過一晚的深思熟慮、做好各種分析後，決定次日一早賣掉手中持股；但第二天當他走進號子，感受到全場看多的情緒，他立刻改變原來的決定，結果非但沒有賣出持股，反而買進一手股票。這也難怪尼采要說：「瘋狂，在個人身上是特例；但在群體身上卻是定律。」

股市漲跌的真理須由反覆實踐中獲得

我們再來闡釋甘特的「論群眾」。

基於對群眾理論的體認，甘特對股市投資提出下列兩點衷心的建議：

一、不要相信大多數人的意見，因為他們可能是錯誤的。

甘特主張以法國哲學家勒內・笛卡兒（René Descartes, 1596-1650）為師，建議投資人成為一位徹頭徹尾的懷疑論者。不但要懷疑一些所謂股市專家的看法，也要懷疑從感官（或是聽來、或是看來）得到的訊息，更不要相信大多數人的意見，股市漲跌的真

理必須經由自己不斷地反覆思索與推敲，而後實際的
操盤經驗中才得獲得。總之，深入思索與反覆實踐才
能得到股市的真理。

　　二、真理通常是由少數人發現的。股票的最佳買
點就是大多數人說「不可以」，也是股票沒有人要的
時候。

　　甘特指出，在民主自由的美、英、法等社會裡，

股市交易名家：馬克斯‧甘特

　　馬克斯‧甘特是美國的資深記者與作家，曾先後任
職於《商業週刊》、《時代雜誌》、《花花公子》、《讀者
文摘》與《星期六晚郵報》（*Saturday Evening Post*），
著有 26 本書，其中最有名的就是《蘇黎士投機定律》，
該書主要記載了父親法蘭克‧亨利（Frank Henry）對他
講述有關投機的 12 項主要定律與 16 項次要定律。

　　亨利出生於瑞士的蘇黎士，為著名銀行家，1988 年
被他服務的瑞士銀行派到紐約當分行經理，他雖服務於
保守的銀行業，卻熱中股票投機，因買進加拿大鈾礦而
致富。在兒子即將步入社會、為謀職而徬徨時，亨利對
甘特說：「兒子，不要整天想薪水，沒有人靠薪水而能致
富。你必須為你自己的前程放手一搏，投機才是你最需
要的。」

對大多數人的意見都不加懷疑地認同與接受。因為這些國家採用多數決的方式解決許多公眾或爭議的問題，所以久而久之相沿成習，認為大多數人的看法都是對的。這已變成牢不可破的信念，對此信念會稍有懷疑都變成褻瀆之事。

可嘆的是，真理並非依賴大多數人投票就能夠解決，更非由大多數人所發現，而是由少數人發現，股市的真理亦復如此。

甘特強調，股價之所以一跌再跌、跌到了低點，那是因為大多數的人相信它不值得買。愈是不抱任何希望，股價自然愈賣愈低。這時浮現的股市真理是：股市最佳買進時機就是大多數人說「不可以」，也是股票沒人要的時候。

甘特舉美國福特汽車為例來說明，在 1980 年初，美國汽車工業陷入困境，底特律市汽車工廠陸續關閉，數千工人流浪街頭，甚至謠言通用與福特亦面臨破產危機。

1982 年福特汽車的股價跌到 11 美元，當時他太太正好有一張定存單到期，她對福特一向情有獨鍾，

深知福特深陷困境，也相信逆境不久就會過去，於是
打算用那筆到期的存款買進福特汽車，乃與經紀人討
論買股事宜。

　　經紀人用專家的角度分析股價仍會下跌，並提出
報章雜誌上其他分析師等大多數的看法也是如此。她
聽從專家與大多數人的意見沒進去買，結果僅一年時
間，福特股價就從 11 美元漲到 46 美元。

　　甘特舉他太太的實例來驗證他的主張。有趣的
是，在股市裡發生的故事往往一演再演，福特汽車也
不例外。

是川銀藏的投資哲學

　　是川銀藏畢生投資股票堅守的五個原則：
　　一、自己研究選股，絕不靠人推薦。
　　二、要能預測 1 至 2 年的經濟變化。
　　三、每支股票都有其適當價位，當股價超漲時，切
忌追高。
　　四、股價最後須由業績決定，作手硬炒的股票千萬
碰不得。
　　五、投資股票永遠存在風險。

2008 年 11 月福特股價因金融風暴跌到美元 1.01 元，當時大多數人都說美國的汽車工業完蛋了，人人出脫福特股票，結果在 26 個月之後，亦即到了 2011 年 1 月，股價漲到 18.97 元，幾乎漲了 19 倍。

最後，請記住日本股神是川銀藏的一句話：「大家最痛苦之時，就是最好賺錢的時候；相反的，大家最高興的時候，就是要賠大錢的時候了。」

買股金鐘罩

大家最痛苦之時，就是最好賺錢的時候。

第七章

················

順勢理論

股價走多頭行情時做多，走空頭行情時做空，
順勢理論就這麼簡單。
難的是，你必須有能力看出目前是走多頭
還是走空頭。

所謂「順勢理論」就是順勢而為，指的是與大勢做朋友，當大盤走多時做多，大盤走空時做空，順著趨勢操作股票的意思。

股票市場裡面有一句老話這麼說：「新手看價，老手看量，高手看勢。」其中高手所看的勢，指的就是趨勢、順勢。

順勢理論的五要點

順勢理論是由股市名人威爾斯・威爾德向作家吉姆・史洛門（Jim Sloman）購買的（股市重要的分析工具「對稱現象」也是史洛門發現的），他稱順勢理論為「亞當理論」（為何叫亞當，原因不明），其立論包括五個要點：

一、一定要對股市充滿敬畏。投資人進入股市的第一課、也是最重要的一課，即學會放棄自己，放棄一切，乖乖地臣服在市場下當順民，心悅誠服地追隨市場的腳步。

二、亞當理論最信服的是牛頓的慣性定律與愛因

斯坦的惰性定律。前者是指萬物必有慣性，股市會不斷連續地去做它已經在做的事（指漲了繼續漲、跌了繼續跌）；後者是指物體傾向於做最懶惰的事，亦即重複每天原本已經在做的事（已經漲了還會漲、跌了還會跌）。與此說法類似的是「混沌理論」：能量永遠會循著抗力最小的途徑發展，而後形成趨勢。

　　三、只有順勢操作，才能在股市中賺到錢，因此投資人必須等到趨勢確立時才進場。換言之，市場已經明確上漲了，才進場做多；市場已經明確下跌了，

技術大師：威爾斯·威爾德

　　威爾斯·威爾德是美國股市的風雲人物，他在 1978 年發表了〈技術分析的新觀念〉（New Concepts in Technical Analysis）一文，為當時流行的主觀技術分析帶來另一股迥異的新浪潮，被尊稱為 RSI、DMI、ADI、SAR 等技術分析之父。1985 年，他以 100 萬美元向吉姆·史洛門購入《亞當理論》一書，並於 1987 年出版，成為美國股市熱烈討論的話題。《亞當理論》出版之後，影響深遠，書中主張的「順勢操作」至今已成為全世界投資人重要的操作手法。

才進場放空。

四、「低買高賣」這句股市名言不適用於亞當理論。順勢理論要求投資人在股市中忘記「昂貴」與「便宜」，順勢的正確做法是：多頭時，買高，賣得更高；空頭時，賣低，補回更低。

五、順勢理論提醒投資人，要徹底忘掉「頭部」與「底部」這四個字。順勢理論關心的是「方向」（direction），而不是「轉折點」（turning point），因此永遠不會去抓頭部，也永遠不會去摸底部，它讓市場自己抓自己、自己摸自己，讓市場自己證明已經做頭反轉或築底反轉。

史洛門更以流浪漢搭乘火車為例，傳神地解說何為「順勢」。

舉例來說，有一位旅客住在台中，他要搭火車到台北出差，那麼他會不會搭南下的火車到高雄之後再北上呢？當然不會，他會從台中火車站直接搭北上的火車。那麼這位旅客要如何確定他搭的火車是往北開呢？毫無疑問，只有火車往北緩緩駛離月台那一刻才

能確定。

　　順勢的精髓就在於：我們百分之百確定火車緩緩往北的那一刻，才跳上移動中的火車；為什麼要這麼做？因為研判股市走多頭的最佳方式，就是看到它已經在上漲。

賠錢又加碼，損失更嚴重

　　史洛門的亞當理論除了上述五個要點之外，他主張賠錢的部位絕對不要加碼攤平。

　　一般來說，「加碼攤平」是指買進股票之後，股價不漲反跌，持股人待股價跌到相當程度，再買進相

股市觀察家：吉姆・史洛門

　　吉姆・史洛門是美國股市現象觀察與身心靈方面的作家，致力於開發人類集體與個人的潛能，並探索生命的本質與存在的意義，其信徒們尊稱他是「關懷人類處境的先知」。他聰明過人，擁有超出常人敏銳觀察事物的能力，《對稱現象》（*The Delta Phenomenon*）與《亞當理論》都是他深入觀察美國股市之後的寶貴心得，後來高價賣給股市名人威爾德而聲名大噪。

同數量的股票，或者再加倍買進股票，以攤低成本的
行為。

　　為什麼史洛門會主張賠錢的部位絕對不要加碼攤
平呢？因為他認為，投資人必定是看到市場已經明確
上漲了，才開始進場買股做多，如此順勢操作是不會
賠錢的；如果投資人進場買股做多賠錢的話，表示他
既看錯了方向（股價下跌，他看成上漲），也做錯了
方向（應該放空，他卻做多），因此絕對不要加碼攤
平，否則一路攤平的話，損失會非常嚴重。

　　股票名著《蘇黎士投機定律》的作者馬克斯‧甘
特也有類似的看法。他說：「船開始下沉時，不要禱
告，趕快脫身。」意思是：盤勢在走跌時，千萬不可
猶豫，亦不可攤平，趕緊出脫走人。

　　甘特以船的下沉來譬喻股市的走空。他傳神地解
釋，當船開始下沉時，不要禱告，也不要驚慌，要冷
靜地觀看四周，研判下沉的情勢是否能迅速改善。如
果不能，得當機立斷，跳離此船，以保全性命。

　　甘特強調，無法急速跳離一艘正在沉沒的船，將
使投資者蒙受慘重的損失。

面對多頭，追逐強勢類股

上述是趨勢走空的情況，那麼倘若趨勢走多又應如何去應對呢？最好的方法就是：追逐強勢類股，而且追最強勢的。

我們以最近的台股第四次循環來說明，它的多頭行情是從 2008 年 11 月走到 2011 年 7 月底為止，我們來看看漲勢比較超前的 10 個類股：

一、汽車類從45.8點上漲到219.1點，達4.78倍。

二、玻璃陶瓷類從 27.26 點上漲到 113.14 點，達 4.15 倍。

三、建材營造類從 94.65 點上漲到 383.58 點，達 4.05 倍。

四、橡膠類從86.11點上漲到334.25點，達3.88倍。

五、百貨貿易類從 72.17 點上漲到 267.22 點，達 3.7 倍。

六、化工類從45.76點上漲到157.52點，達3.44倍。

七、電機機械類從 40.01 點上漲到 137.24 點，達

3.43 倍。

八、紡織纖維類從 162.84 點上漲到 554.21 點，達 3.4 倍。

九、觀光類從 54.21 點上漲到 178.6 點，達 3.29 倍。

十、塑膠類從 104.96 點上漲到 322.12 點，達 3.07 倍。

從上可知，這一波漲勢超前的全都是傳產股，而位居前三名者分別是汽車類（4.78 倍）、玻璃陶瓷類（4.15 倍）、建材營造類（4.05 倍）。投資人最愛的電子類僅上漲 2.41 倍（從 146.74 點漲到 354.28 點），而金融類也僅上漲 2.5 倍（從 434.22 點漲到 1084.05 點），所以這一波投資人要追逐的強勢類股當數汽車、玻璃陶瓷、建材營造等三類。

逮到最夯的產業

順勢理論除了追逐強勢類股之外，就是要留意產業發展趨勢，設法逮到那幾年最夯的產業。全世界從 2010 至 2011 年最夯的產業就是智慧型手機，而台灣

最能代表此一產業的公司就是宏達電。

　　宏達電創立於 1997 年，從事智慧型手機的開發與製造，當時智慧型手機尚未被市場所接受，慘淡經營五年，熬到 2002 年其智慧型手機總算打入歐洲電信市場，股價從 2002 年 7 月的 94.5 元飆漲到 2006 年 5 月的 1,220 元。

　　到了 2008 年 11 月，台股因全球金融海嘯之故，指數跌到 3955 點，而宏達電的股價則跌到 256 元低點。隨後台股展開了一大波的多頭行情，而宏達電則從 2008 年 11 月的 256 元漲到 2009 年 6 月的 543 元完成第一波之後，又從 543 元回檔整理到 2010 年 2 月的 277.5 元，接下來才開始漲幅驚人的第 3 波，從 2010 年 2 月的 277.5 元漲到 2011 年 4 月的 1,300 元，漲幅高達 4.68 倍，甚至接近汽車類 4.78 倍的漲幅。

　　仔細觀察宏達電第三波大漲的期間，剛好與這兩年智慧型手機走紅的時間吻合，因此要順勢操作，留意產業發展的趨勢非常的重要。

　　然而產業興衰變化太快，今日的英雄很快變成明日的狗熊，誰也沒想到宏達電從 2011 年 4 月的 1300

買股金鐘罩

要順勢操作，除了追逐強勢股，還要留意產業發展趨勢，設法逮到那幾年最夯的產業。

元，竟然一路跌到 2015 年 8 月的 41 元，到了 2018 年仍在 70 元左右徘徊，因此，要準確掌握產業發展趨勢確實不易。

展望 2018 年以後，比較夯的產業有可能出現在電動車、AI 人工智慧、機器人、矽晶圓等產業中。

股價上漲的 12 個訊號

筆者在實際運用順勢理論於台股的操作，發現最困難之處在：如何明確判定市場已經走多上漲了。史洛門在《亞當理論》一書中也談論過相同問題：你怎麼知道市場是在上漲呢？有人說因為股價超越以往的高點，有人說因為趨勢線向上走，而史洛門的答案是：因為它正在上漲。

對於這句「因為它正在上漲」和他比喻的「火車正緩緩駛離月台的那一刻」一樣，聽起來雖然言之成理，但運用在實際操盤時，總覺得有點空洞，不知如何準確拿捏。經過反覆的思索與實際的驗證，筆者終於頓悟出股價走到底部區蠢蠢欲上漲的 12 個訊號。我們就舉台股第四循環的起漲點，亦即 3955 點的底部區

來說明。

　　一、首先從月K線去觀察，看看台股第三個循環的八個波段是否已經走完。從附錄圖2可知，台股從2001年9月的3411點起漲，一直到2008年10月的低點4110點為止，很明顯地已經走完艾略特波浪理論所說的八波段了，這時我內心有譜，大盤的底部區可能就在附近了，但我不敢十分肯定，因為我需要其他的訊號來佐證。（請參閱附錄圖3）

　　二、與時間波是否吻合。台股第三個循環的空頭市場A、B、C三波，很明顯是從2007年10的9859點往下跌，A波是從9859點跌到2008年1月的7384點，B波反彈逃命是從7384點反彈到2008年5月的9309點，C波則是9309點殺到2008年10月的4110點。空頭A、B、C三波從2007年10月的9859點跌到2008年10月的4110點，下跌了12個月，與費波南希數列的13差了1個月。此處佐證的訊號就是用時間理論去評估，依照歷史經驗，落在下跌的第8、

買股金鐘罩

股價走到底部區蠢蠢欲動時，會出現12個訊號。

13、21 個月的機率最大。12 個月，與 13 只差 1 個月。
唔！底部應該就在附近。（請參閱附錄圖 3）

　　三、融資餘額的跌幅是否大於大盤的跌幅。每次
的歷史經驗告訴我，融資餘額一定要殺得乾乾淨淨，
也就是融資餘額的跌幅一定要大於大盤跌幅，底部才
會浮現。大盤股價指數從 9859 點跌到 4011 點，跌幅
為 58.3%；而融資餘額是從 2007 年 10 月 31 日的 4144
億大減至 2008 年 10 月 28 日的 1423 億，跌幅為
65.7%。很明顯地，融資餘額的跌幅大於大盤的跌幅。
哈！有譜。

　　四、大盤的月成交量是否有大幅萎縮。台股從
2007 年 10 月高點 9859 點下殺到 2008 年 10 月的 4110
點，月成交量已經從 2007 年 7 月的 5 兆 316 億萎縮至
2008 年 10 月的 1 兆 2,769 億，縮幅達 75%；隔月
2008 年 11 月的成交量為 1 兆 1,395 億，縮幅達 77%；
再隔 2 個月，2009 年 1 月的成交量 8,630 億，縮幅達
83%。台股前兩次循環的低點月成交量縮幅分別達

87% 與 86%，此次達 83%。嗯！應該差不多了。（請
參閱附錄圖 16）

　　五、大盤的股價指數是否沒再破底並形成盤整。
台股大盤股價指數從 9859 點下殺到 2008 年 10 月 28
日的低點 4110 點，雖然不到一個月就被跌破，並於
2008 年 11 月 21 日跌到新低點 3955 點，然而此後不
論出現什麼利空消息，此點就是不被跌破，而股價並
在此處橫向整理了 90 個交易日。

　　六、政府是否出現做多的干預行為。台灣政府每
次在股市崩盤之後的底部區，必定會有三個做多的干
預行為，一是護盤，二是降息，三是禁止放空。台灣
政府大約是在大盤股價指數跌到 5500 點左右（2008
年 10 月）進場護盤；中央銀行則在 2008 年 9 月股市
大跌就開始降息，連降 7 次，一直到 2009 年 3 月股市
回升才中止；金管會從 2008 年 10 月 1 日宣布全面禁
止放空，一直到同年 11 月 28 日才解除禁令。

七、月 K 線走完八波段之後是否出現了一根月紅
K 線。台股在走完 8 波段的循環，月 K 線於 2008 年
11 月殺到 3955 的最低點之後的隔月，即 2008 年 12
月出現了一根上漲 130 點的月紅 K 線。我知道，這是
大股東、法人、主力、長線投資好手等有心人士在此
逢低買進所造成的。（請參閱附錄圖 17）

八、扇形理論中的三條下降趨勢線，是否已經全
部被大盤股價所突破。從附錄圖 18 可知，第一條下降
趨勢線於 2008 年 11 月 3 日被突破，第二條下降趨勢
線於 2008 年 11 月 28 日被突破，第三條下降趨勢線在
2009 年 1 月 5 日被突破。這是日 K 線打底成功訊號。
（請參閱圖 7-1 及附錄圖 18）

九、60 日移動平均線（即季線）是否已經翻揚向
上。台股大盤 60 日移動平均線在 2008 年 6 月 13 日下
彎（箭頭由↑變成↓）之後，到了 2009 年 2 月 16 日
才翻揚向上（箭頭由↓變成↑），至此確定行情由空
翻多。

圖 7-1　扇形理論的三條下降趨勢線

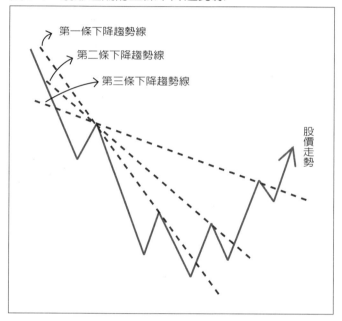

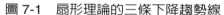

　　十、M1b 的年增率是否從負值轉向正值，而且由
下向上穿越 M2 形成黃金交叉。根據央行 2009 年 2 月
25 日所公布的資料，2009 年 1 月的 M1b 年增率為
1.79%，雖然尚未與 M2 形成黃金交叉，但已由負轉
正，說明已打底成功。另外，從台股 31 年歷史經驗可

知，每次大盤股價指數的低點都會落在 M1b 底部後面 4 至 5 個月之處，此次 M1b 底部在 2008 年 7 月的負 5.77%，由此推算，大盤底部應落在 2008 年 11 月或 12 月，果不其然，2008 年 11 月的 3955 點剛好是這一波的最低點。

十一、日 K 線是否已經構成一個打底完成的形態。 從日 K 線去觀察，此次以 90 個交易日的時間打出一個頭肩底形態的底部。其左肩低點在 2008 年 10 月 28 日的 4110 點，右肩低點在 2009 年 1 月 21 日的 4164 點，底部在 2008 年 11 月 21 日的 3955 點，頸線則在 4817 點，而 2009 年 3 月 13 日那根上漲 142 點的日 K 線有效突破頸線，那一天就宣告頭肩底打底成功。（請參閱附錄圖 19）

十二、月 KD 值在 20 附近 K 線是否向上交叉 D 線形成黃金交叉。 台股大盤於 2009 年 3 月，月 KD 值在 20 附近 K 線以 19.03 向上穿越 D 線的 15.76，形成黃金交叉。很多投資人都是因為看到這個訊號出現才

進場。至此大盤由空翻多已經百分百被確認。（請參閱
附錄圖 20）

以上 12 個訊號都是我每次研判股價來到底部時，
決定何時買進的重要參考指標。

施伯倫的 200 天移動平均線

最後，我要舉《專業投機原理》作者維特·施伯
倫採用的 200 天移動平均線來解說順勢理論。

施伯倫指出，有一位名叫威廉·葛登（William

華爾街超級操盤手：維特·施伯倫

維特·施伯倫是華爾街之名交易員，征戰金融市場
40 餘年，橫跨股票、債券、期指、選擇權、農產品、貨
幣等市場，曾為量子基金的索羅斯操盤，因戰果輝煌而
榮獲「炒家 Vic」的美譽。對於有心向投資大師學習而成
為高手的芸芸眾生，他有一個誠摯的建議：選定一個目
標，閱讀那些傑出大師們的著作，聆聽他們的教誨，透
過模仿不斷地學習，最後發展出一套屬於自己的獨特操
作風格。

Gordon）的操盤手，以 200 天移動平均線的買賣準則運用 1917 至 1967 年的道瓊工業指數，其每年的平均報酬率達 18.5%。

200 天移動平均線的買賣準則如下：

一、倘若 200 天移動平均線從原先的下降趨勢逐漸走平或上升，而且股價又從下向上穿越此線，為走多訊號，應順勢買進。

二、倘若 200 天移動平均線從原先的上升趨勢逐漸走平或下降，而且股價又從上向下穿越此均線，為走空訊號，應順勢賣出。

施伯倫說：「在股票市場裡，最漂亮的就是這一條 200 天移動平均線。」

第八章

······························

停損理論

股票是高風險的投資，
萬一你買錯了方向，
只有設下停損並嚴格執行，
才能平安地把自己帶出場。

所謂「停損理論」，顧名思義，乃是設立停止損失點，亦即投資人買進股票，立即設立一個認賠的停止損失點，當股價下跌到此一停損點時，毅然賣出、認賠出場的意思。

停損理論的三個要點

「停損理論」是由美國股市作家吉姆·史洛門所提出，其立論包括下列三個要點：

一、當你進場買下股票時，就必須同時設下停損，以便於萬一買錯方向時，能夠帶你出場。任何人買進股票，都是希望股價上漲，賺到其間的價差。可是如果你研判失誤、看錯了方向，這該怎麼辦？因此史洛門認為，投資人進場買股，不要只想賺，要先想到賠；亦即在進場之前，要先決定這筆交易自己願意賠多少錢，是 10%、15% 還是 20%，然後這個停損才能以小虧安全帶你出場。

二、進場前設定的停損絕對不能更動。投資人在進場之前所設定的停損，是自己還未擁有部位之前冷

靜設立的，因此才能夠保持公平客觀，並下正確的決定。然而當投資人買進股票擁有部位之後，就不再客觀了，這時如果股價下跌，客觀的理性與主觀的感性纏鬥的結果，往往是後者勝利，結果不是更動先前設立的停損，就是置先前設立的停損於不顧，而且會找一些理由說服自己忽略股價的下跌，最後造成無法彌補的損失。

三、千萬不要因小失大，看錯行情就立刻停損出場，留得青山在，不怕沒柴燒，最怕的是把整座山都輸光了。在股市裡獲利的祕訣無非就是賺大賠小，意思是：如果看對行情，一賺就是大波段；如果看錯行情，賠一小部分，停損走人。其實在股市裡面，再厲害的高手偶爾也會看錯行情，這既不丟臉亦不可恥，只要停損認賠或改變操作方向即可。（根據我的實戰經驗，不論由多轉空或由空轉多都非常困難。）最糟的是死不認錯，死拗活拗，一味地找藉口為自己辯護，如此一來只會使自己愈陷愈深，終至不可收拾。

股市高手也會看錯行情

前文提到再厲害的高手偶爾也會看錯行情，犯下致命的錯誤。我舉兩個人來證實。

第一位是美國投機大師傑西・李佛摩（著有《傑西・李佛摩股市操盤術》一書），1900 年時，雖然經驗與直覺告訴他棉花會走入空頭，但他還是採信棉花專家的話，大筆敲進棉花期貨的多單。他同時做多棉

投機大師：傑西・李佛摩

傑西・李佛摩是美國華爾街最傳奇的作手，他買賣股票，也操作棉花、玉米、小麥等農產品期貨，一生中曾經八落八起。1907 年，他因放空美股賺進 300 萬美金，引發美股崩盤；1929 年，美股大崩盤時，他傾其所有放空美股，大賺 1 億美元，當時美國一年稅收也不過 42 億美元。

他一生操盤恪守三個心法：一是時機的掌握，耐心等待市場轉折點才會出手；二是風險管理，不論做多或做空，當他發現自己看錯行情、虧損達 10% 時，立刻認賠出場；三是情緒管理，每天過規律的生活，使自己永遠保持冷靜、耐心及沉默，並且能夠長期享受孤獨。他說：「我只有在違背自己的操盤心法時，才會虧損。」

花與小麥的期貨，小麥獲利豐厚，但棉花虧損累累，他非但沒有停損，還持續加碼攤平。他還把賺錢的小麥多單賣掉，不斷加碼向下探底的棉花，最後以慘賠數百萬美元收場，成為李佛摩一生最慘痛、也最寶貴的教訓。

第二位是因實戰經驗豐富、戰績彪炳且著有《論勢》、《論戰》、《論性》等股票著作而被視為「股海明燈」的《信報》專欄作家曹仁超。他赤手空拳投入香港股市，以敏銳的看盤功力在 40 多年期間賺到 10 億台幣的身價，但他也曾因看錯行情、未設停損而損失慘重。

1974 年中，香港恆生指數因受石油危機影響而大跌七成三，股市一片悽慘，這時曹仁超認為跌得差不多了，於是看好「和記公司」，以每股 8 港元向下買，大約半年期間，一路買到每股 1 港元。投入總資金 50 萬港元，虧損了八成，最後只剩下 10 萬港元。這次慘痛的教訓促使曹仁超從此不再固執己見，嚴格要求自己遵循 15% 的停損。

買股金鐘罩

縱使一流高手，也會犯下不設停損的致命錯誤。

台股在 2001 年亦發生一次慘痛的教訓。

當時台股正在走第二循環第八波（即 C 波）的下殺，大盤股價指數從 2000 年 2 月的 10393 點急速下殺至 2000 年 12 月的 4555 點，指數跌了 5838 點，跌幅達五成六，大多數的法人與公司派都認為跌夠了，而且隔月（2001 年 1 月）又拉出一根上漲 1000 多點的長紅棒，於是許多法人與公司派紛紛在 5000 點附近買進，不料大盤又從 2001 年 2 月的 6198 點下跌到 2001 年 9 月的 3411 點才見底。若干沒設停損的大戶就在這一波中被坑殺。

嚴設停損的最大好處在於停損保本，當投資人萬一買錯方向，當股價跌到停損點時，毅然決然小賠賣出，受傷不重，保住老本，可以重新尋找有利的介入機會。

嚴設停損的三個方法

我們既然知道嚴設停損的重要，那麼，要怎樣去設停損呢？下面介紹三種方法。

一、當股價跌破重要的支撐點時

　　這是依據股市技術分析之支撐點作為停損之做法。依技術分析而言，股價在多頭行情中，當跌落到重要支撐點時，就會吸引買盤介入，使股價獲得支持。倘若股價能止跌回穩，則應抱牢持股；倘若跌破重要支撐點，將會有另一波段跌幅，應賣出股票、認賠了事。一般而論，頸線與上升趨勢線都是重要的支撐點。不過，運用此法需要一定程度的 K 線水平，否則不易抓到重要支撐點。

二、當買進的理由改變時

　　假設投資人買進某家公司的股票，是著眼在該公司新產品暢銷（譬如某款智慧型手機大賣）、產品售價大漲（譬如鋼筋價格大漲）、業績大好（譬如航班增加五成）、公司轉型（譬如公司由製造一般手機轉到智慧型手機），或是派發豐厚的股與息，當這些買進的原因實現、改變或消失時，即認賠賣出。

買 股 金 鐘 罩

嚴設停損的最大好處在於停損保本。

三、當股價跌破一定的百分比時

這是指投資人在買進股票之後，就設下固定的百分比作為停損，或是 5%，或是 10%，或是 15%，當股價跌破自己設下的百分比時，絕不戀棧，斷然賣出。此法簡便易行，問題是百分比較難拿捏。前述史洛門是取 10%，他主張任何一天或是任何一筆操作，絕對不讓自己的虧損超過投入資金的 10% 以上。美國投機大師李佛摩也是以 10% 作為停損，他認為買進的股票一旦跌破 10%，就表示自己看錯方向，立刻出脫走人。前述香港股市達人曹仁超則是以 15% 為停損。

筆者根據多年操盤經驗，認為 10% 最恰當。不過我還會另加一個條件，亦即「股價跌破 10%」加上「股價跌破重要支撐」，或是「股價跌破 10%」加上「買進的理由改變時」，我二話不說，立刻賣出。

知名財經部落格「賢哥不錯」版主提出一個創新的移動式停損，亦即以大盤指數來決定停損的百分比：8000 點以上，3%；7000 多點，5%；6000 多點，10%；5000 多點，15%，很有參考價值。

低檔買進股票仍須設停損

　　接下來我想討論一個重要的問題：投資人在低檔
買進的股票要不要設停損？若干投資人認為，既然是
在低檔買進的股票，股價相對來說已經相當低了，因
此不需要設停損，其實這個觀念是錯誤的，縱使在低
檔買進的股票，仍然必須設停損，原因何在？我想舉
一個筆者在 2009 至 2011 年間於加拿大實際操作的一
檔股票 RIM 來說明。這件事要分三個階段來說明。

　　RIM 是 Research In Motion 三個英文字的簡寫，
它是舉世聞名黑莓手機（Black Berry）的製造廠商。
黑莓問世於 1998 年，採用一種雙向尋呼模式的移動郵
件系統，兼容現有的無線數據鏈路，實現了黑莓手機
的擁有者在北美能夠隨時隨地收發電子郵件的夢想。
2001 年 9 月發生 911 恐怖攻擊事件，由於黑莓手機及
時傳遞了災難現場的信息而聲名大噪，股價從 2001 年
9 月的 3.1 加元飆漲到 2008 年 6 月的 150.3 加元，大
約狂漲達 50 倍。

　　這是一支典型的成長股，股價在不到 7 年內大漲

50 倍，筆者能力有限，沒有那份能耐在 3 元左右介入。我的第一階段是在 2009 年 3 月股價在 48 加元時介入。因為從月線去看，那時的位置是次低點附近，也就是因為金融海嘯股價從 2008 年 6 月最高點 150.3 加元跌到 2008 年 12 月 44.23 加元，從 44.23 加元開啟另一個循環，第二波回檔整理的次低點（我說過很多次，股價只有兩個位置可以買，一是低點，一是次低點）45.56 加元附近，所以我才敢大膽買進，抱了半年，到了 2009 年 9 月股價漲到 90 元，見其週線做 M 頭，股價漲不上去，乃毅然賣出。

我的第二階段介入是在 2010 年 8 月，距離我前次出脫持股已經快要 1 年，那時股價在 2010 年 9 月又回跌到 44.94 元，我是在 2010 年 8 月當股價跌到 48 元時，向下分三次承接。買進後 2 週左右，股價就止跌回升，一路漲到 2011 年 2 月的 69.3 加元，到了 2011 年 3 月因為股價跌破頸線 60 加元，我乃毅然賣出，獲利了結。

我的第三階段介入距離第二階段賣出的 2011 年 3 月僅隔一個多月時間，也就是在 2011 年 4 月下旬，那

時股價又跌落到 48 加元。有鑑於前兩次甜美的獲利經驗，我遵照前例，從 48 加元往下分批買進。不料 5 月上旬跌破 2008 年 12 月的起漲點 44.23 加元，我深感情勢不妙，但仍然捨不得賣出，這時我的平均成本價是 46 加元（從 48 加元往下買，分三次，平均約 46 加元），乃嚴設停損 10%（46 加元的 10% 是 4.6 加元），亦即跌破 41.4 加元就毅然停損。結果到了 2011 年 5 月 31 日，股價跌破 41.4 加元，收 41.35 加元，我乃毅然停損賣出。

隨即 RIM 的股價又繼續下跌，於 2011 年 11 月 28 日跌到 16.76 加元。

我舉自己操作 RIM 的實例，主要在說明嚴設停損的重要。同一支股票，相同的操作模式，一樣的買進價格（48 加元），前兩次成功，第三次就失敗，所幸我設了停損，並且執行了停損，否則我就虧大了。

以 RIM 來說，從 2006 年 11 月到 2011 年 4 月的 4 年 5 個月期間，48 加元是標準的低檔區，在低檔區買進還是有可能會買錯，所以任何股票即使在低檔區買進，也一定要嚴設停損。

買 股 金 鐘 罩

縱使在低檔買進的股票，仍然必須嚴設停損。

一般來說，一支股票除非產業嚴重衰退或是公司營運出問題（譬如產品滯銷），否則跌破起漲點的機率低，但機率低並不保證就不會發生。前例 RIM 跌破起漲就是一活生生的例子，因此即使在低檔區買進的股票，也必須設停損。

做空更須設停損

以上討論的都是屬於投資人做多時必須設停損的種種狀況，那麼若是投資人做空呢？那比做多更需要設停損。

所謂「做空」，就是放空。亦即投資人對股價未來走勢看壞，先向證券金融公司借出股票（即融券）賣出，等股價跌到低點時再補回，從中賺取差價，此種先賣後買的行為稱之為「放空」。

為什麼做空者比做多者更需要設停損呢？因為做空者所承受的壓力遠大於做多者。舉例來說，投資人以 100 元買進某支股票，而股票慘跌甚至下市，投資人頂多損失 100 元；可是投資人若以 100 元融券放空該支股票，而股票不跌反漲，若漲至 200 元時，投資

人損失 100 元，若漲至 300 元時，投資人損失 200 元。換言之，放空者若不幸被軋空時，其虧損可能是放空金額的數倍，其承受的壓力可想而知。因此，有經驗的放空者，在放空的同時必定嚴設停損，以減輕壓力。

投資人千萬別小看放空之後，萬一股價不跌反漲的精神折磨。多年前，筆者有一友人曾在股價 700 元左右放國泰人壽（後來的國泰金）長空，他原來打算長期才回補，結果一星期就補回了。為什麼呢？因為他忍受不了看見股價上漲的恐懼感（理論上而言，上漲是無止盡的），他更忍受不了每天食不知味、睡不安枕的精神折磨。

克服放空的壓力與折磨的唯一良藥就是嚴設停損。至於設多少比率為宜，我還是建議 10%。

最後，請記住華爾街交易好手維特・施伯倫的一句話：「萬一鱷魚咬住你的腳，你唯一的機會是犧牲一隻腳；亦即在市場犯錯時，不可再找任何藉口或其他無謂的動作，只能認賠出場。」

第九章

....

抱股理論

抓底不難，抱緊最難。
投資人在底部買進的股票一定要緊抱不放，
直到大波段走完再出脫，
這樣才能賺到倍數的利潤。

所謂「抱股理論」，是指投資人在底部或次底部區買進之後，抱牢持股，一直到多頭行情走完，賺足整個波段再賣出持股的意思。

底部買進，抱牢持股

抱股理論是美國投機大師傑西‧李佛摩操作股票的重要原則，他在《傑西‧李佛摩股市操盤術》書中明確指出，如果股價從反轉關鍵點（指的是底部區或次低點）往上走，他會放心大膽地抱著它，只要買的股票是賺錢的，他會完全放鬆、氣定神閒地觀察股票的走勢，什麼事都不用做，只是抱牢持股，一直到賣出時機（指多頭行情走完、頭部出現時）的來臨。

談到抱牢持股，使我想起李佛摩在《股票作手回憶錄》（*Reminiscences of Stock Operator*）書中述及一段膾炙人口的故事。

有一個名叫帕崔吉的投資老手，與一位名叫哈伍德的投資人在號子裡的一段精采對話。

「不久之前我建議你買進的那支頂好汽車，到今天為止已經獲利不少了，我勸你暫時獲利了結，等股

價回檔時再買回來。」哈伍德好意地勸帕崔吉。

　　帕崔吉絲毫不為所動，只是淡淡地答道：「多謝你的好意，可是我不會賣出股票，你知道嗎？這是個多頭行情的起漲點，為了這個經驗，我曾經付出昂貴的代價。」

　　這兩個人的對話，讓李佛摩感慨良多。他回想起自己多年的操作經驗，雖然曾多次看對多頭行情，並從底部區大膽買進，卻僅賺到蠅頭小利，沒有賺到理論上應有的倍數利潤，問題都是出在此暫時想要獲利了結的人性弱點上。投資人一旦賣出股票，股價往上走，你就再也下不了手追回來。

李佛摩的投機心法

　　美國投機大師李佛摩認為，優秀的股票作手和訓練有素的職業運動選手沒什麼兩樣，永遠要保持身心在最佳狀態。他主張，任何有心在金融市場從事投機的人，都應該把投機視為事業，而不應該把它當成副業或是賭博。他一生的名言是：華爾街從未改變，財富來來去去，股票此起彼落，但華爾街永遠沒變，因為人性永遠都不會改變。

李佛摩強調，看對行情逮到底部的人很多，但大都賺到小錢賺不到大錢，亦即僅賺到兩、三成的利潤而賺不到倍數的利潤，問題出在底部區買進之後，做不到抱牢持股、縮手不動。抓底不難，抱股最難。只有像帕崔吉先生吃過「先賣出」苦頭的人，才能深刻體會緊抱持股的好處，也才能賺到整個波段的大錢。

李佛摩告誡投資人說：「在多頭行情裡，你們只需要做兩件事，底部區買進與緊抱持股，然後忘記你擁有的股票，一直到多頭行情即將結束為止。」

投資股票其實很簡單

無獨有偶，台灣《理財聖經》一書的作者黃培源也主張抱股理論，他是美國柏克萊加大企管博士，曾任台灣東海大學企管所所長、三采建設公司總經理、美國東西證券公司副總裁、美國美林證券公司投資管理師，他認為投資股票的策略非常簡單，只有九個字，那就是：隨便買、隨時買、不要賣。

一、隨便買：黃培源認為，只要能分散風險，隨

便選購十種以上的股票，那麼未來股票投資報酬率就
會接近整個股市的平均報酬率。

　　二、隨時買：黃培源認為，基於股票上漲與下跌
的天數比大約是 55：45 的前提下，買股票不用看時看
日，也不用管未來股價的漲跌，只要有閒錢，現在就
去買。

　　三、不要賣：黃培源認為，買進股票之後，就得
長期持有、不要賣，因為昂貴的手續費與交易稅會侵
蝕投資報酬率。

　　這套操作方法獲利的關鍵就在：基於股票長期看
漲的前提下，以「隨便買」與「隨時買」的策略分散
風險，長期持有不賣，讓持股的投資報酬率接近於整
體股市的平均報酬率。

　　黃培源的九個字策略「隨便買、隨時買、不要
賣」，簡明扼要，容易了解，可是只能在低點（我一
再強調的底部區與次底部區）使用，若是使用時間不
當，在高點（即頭部區）使用的話，其結果必定悽慘
無比。

買 股 金 鐘 罩

李佛摩告誡投資人，
在多頭行情只需要做
兩件事，底部區進場
買進，然後緊抱持
股，一直到行情結束
為止。

抱牢持股，利潤驚人

採用抱股理論，究竟能獲取多大利潤呢？我們就舉台股為例來說明。台股從 1987 年 1 月到 2018 年 8 月的 31 年裡，一共走了四個循環，其個別漲幅如下：

一、台股第一個循環是從 1987 年 1 月的 1039 點上漲到 1990 年 2 月的 12682 點。若把大盤股價指數當成一支股票，漲幅高達 12.2 倍。

二、台股第二個循環是從 1990 年 10 月的 2485 點上漲到 1997 年 2 月的 10256 點。若把大盤股價指數當成一支股票，漲幅高達 4.13 倍。

三、台股第三個循環是從 2001 年 9 月的 3411 點上漲到 2007 年 10 月的 9859 點。若把大盤股價指數當成一支股票，漲幅高達 2.89 倍。

四、台股第四個循環是從 2008 年 11 月的 3955 點上漲到 2018 年 2 月的 11270 點。若把大盤股價當成一支股票，漲幅高達 2.85 倍。

以上是依據台股大盤股價指數每次從底部漲到頭部區的漲幅估算。以最近的第四次循環為例，投資人千萬別小看大盤的漲幅只有 2.85 倍，若從個股去剖析，若干個股個漲幅（算到 2018 年 2 月底為止）高出大盤甚多，我就舉這一波多頭行情中我曾經買過的 12 檔股票來說明：

一、1101 台泥從 2008 年 10 月的 14.15 元漲到 2011 年 7 月的 49.45 元，上漲了 3.49 倍。

二、1802 台玻從 2008 年 10 月的 13.3 元漲到 2011 年 5 月的 53.7 元，上漲了 4.04 倍。

三、2105 正新從 2009 年 1 月的 22.5 元漲到 2013 年 4 月的 103 元，上漲了 4.58 倍。

四、2379 瑞昱從 2008 年 12 月的 27.1 元漲到 2018 年 2 月的 119 元，上漲了 4.39 倍。

五、2448 晶電從 2008 年 11 月的 25.2 元漲到 2009 年 10 月的 124 元，上漲了 4.92 倍。

六、2474 可成從 2008 年 11 月的 45.5 元漲到 2015 年 7 月的 402 元，上漲了 8.84 倍。

七、2545 皇翔從 2008 年 11 月的 8.83 元漲到 2011 年 1 月的 97.8 元，上漲了 11.08 倍。

八、3044 健鼎從 2008 年 11 月的 25.75 元漲到 2011 年 4 月的 147.5 元，上漲了 5.73 倍。

九、3519 綠能從 2010 年 5 月的 59.1 元漲到 2011 年 3 月的 163.5 元，上漲了 2.77 倍。

十、3702 大聯大從 2008 年 11 月的 10.95 元漲到 2010 年 8 月的 76.1 元，上漲了 6.95 倍。

十一、6121 新普從 2008 年 11 月的 63.2 元漲到 2011 年 7 月的 270 元，上漲了 4.27 倍。

十二、9945 潤泰從 2008 年 10 月的 11.4 元漲到 2013 年 2 月的 69.6 元，上漲了 6.1 倍。

　　上述 12 檔股票漲幅最大的前三名分別是：皇翔（11.08 倍）、可成（8.84 倍）、大聯大（6.95 倍），而漲幅達 4.5 倍者比比皆是，只有綠能的 2.77 倍小於大盤的 2.85 倍。

　　由此可見，遵循抱股理論的報酬是多麼豐厚。然而，投資人在運用抱股理論時，一定要特別留意買進

時股價所處的位置，萬一買錯了位置而抱牢持股，那就不僅僅「悽慘」二字所能形容了。抱股理論必須配合本書第三章〈位置理論〉來使用，其原則如下：

一、實施抱股理論的最佳位置就是在底部區（即第一波的低點）買進的股票。依照本書第二章〈循環理論〉，它是多頭的起漲點，還要走五波的多頭行情之後才會見到頭部，因此這個位置乃是最佳買點，亦是最佳抱股位置。

二、實施抱股理論的次佳位置就是在次底部區（即第二波的低點）買進的股票。依照本書第二章〈循環理論〉，雖然股票已經走完第一波與第二波，但它還要繼續走第三波的多頭行情（即第三波、第四波、第五波）之後才會見到頭部，因此這個位置乃是次佳買點，亦是次佳抱股位置。

三、倘若投資人買進的位置是在第一波的高點，必須忍受一段第二波拉回修正的折磨，不過隨著股票走第三波多頭，在短套之後很快就會解套。

四、倘若投資人買進的位置是在第三波的高點就

會有風險。若是這支股票走五波多頭的話，再來走第四波回檔修正與第五波的上漲，仍有解套機會；若是這支股票僅走三波多頭的話，不再有第四波與第五波（有些股票僅走三波多頭），那麼你就會被套在高點。

五、倘若投資人買進的位置是在第四波的低點，仍然有風險。若是這支股票走五波多頭的話，再來走的是第五段的上漲，會有賺頭；若是這支股票僅走三波多頭的話，此處第四波的修正變成 A 波修正，B 波稍做反彈後，接下來就是慘烈的 C 波下跌，稍不留神就會受傷。

六、倘若投資人買進的位置是在第五波的高點，此處乃頭部區，應賣不應買，買進絕對是錯誤決定。

七、倘若投資人買進的位置是在第六波的低點，再來走的是俗稱逃命波的第七波，此時有差價就要趕緊走人，以避開慘烈的第八波（即 C 波）。若投資人不幸買在第五波的高點，亦應趁第七波的反彈趕緊認賠賣出走人。

八、倘若投資人買進的位置是在第七波的高點（即 B 波反彈的高點），那是最糟糕的，因為此處非但

不能買，而且是最佳賣點（即放空點）。許多投資人因為在此處買進而損失不貲。最不幸的莫過於在此位置買進之後，抱牢持股，甚至往下攤平，買愈多，套更多，最後忍受不了持續下跌，有如排山倒海般的壓力而悉數賣出。（實際經驗告訴我們，很少人承受得了C波下殺的力道，最後不是被斷頭就是認賠賣出。）

　　九、嚴格說來，只有底部區與次底部區買進的股票才能緊緊抱牢。若是在第五波高點與第七波高點買進股票的話，結果必定是：抱得愈多，虧得愈大。

　　十、實施抱股理論最穩健的做法是，在底部區（即第一波起漲點）大膽買進之後，緊緊抱著手中持股，等股票走到第三波的高點（即第三波走完之處）即毅然賣出，也就是說手中持股只要賺到第一波與第三波的漲幅就夠了，剩下第五波的漲幅留給別人賺。不論大盤或個股，多頭行情或走五波或走三波，無論那一種走法，第一波與第三波的漲幅你都賺得到，所以是最穩健的做法。（研讀上述十點原則，請仔細參考本書之前言）

> **買股金鐘罩**
>
> 實施抱股理論最穩健的做法是，在底部區大膽買進之後，緊緊抱著手中持股，等股票走到第三波的高點即毅然賣出。

我認識一個抱股最久的人，他是我的二弟。他生性疏懶，說話慢條斯理，行動不疾不徐，幾十年來未見他發過脾氣，幾千萬持股，歷經 2485、3411、3955 等三次循環都不動如山。

有一次，他對我說，有時想想也很佩服自己，一堆股票竟能抱這麼久。我會寫「抱股理論」，很可能是他給我的啟示。二弟若能參考我的「循環理論」與「位置理論」，賣在頭部再買回在底部，三個循環下來，起碼幾十億身價吧！

我慎重地列出個人抱股的 12 個技巧，供投資人參考：

一、深刻體認抱股理論的重要。（知道抱會有倍數利潤）

二、只有底部與次底部買進的股票，因為成本夠低，不怕洗，比較抱得住。（經驗談）

三、第一波一路上漲抱住不難，第二波回跌修正抱住困難，因應對策一：實在抱不住，賣一點點（譬如持股的十分之一），放屁安狗心；因應對策二：第

二波拉回次低點加碼。

四、主力振盪洗盤時，抱股最難，這時建議朗誦「抱股理論」三次。

五、底部買進股票，建議一週看一次盤。

六、底部買進股票時，最好安排一趟旅行，根本不看盤。

七、完成抱股理論的關鍵就在於克服心魔，故須修心。

八、堅持抱到第三波月 KD 死亡交叉即走人。

九、若單腳直線上攻，第一波發生月 KD 死亡交叉時先賣三分之一持股，待第二波回檔低點補回，賺價差。

十、抱股理論的境界在於：手中有股票，心中無股價。

十一、成為筆者個人慘痛的經驗，上述種種都做不到的話，錯失一次發大財的機會，那就從中學到教訓，下一次自然而然就會做到。

十二、抱股理論是不人道的，為了賺錢必須強迫自己。

最後，請記得美國投資大師吉姆・羅傑斯（Jim Rogers）的一句話：「用便宜的價格買進物超所值的東西，並且長期緊抱，不理會市場上其他人的聲音。這是從事投資最重要的課題。」

華爾街金童：吉姆・羅傑斯

吉姆・羅傑斯是美國投資大師，1942 年出生於阿拉巴馬州。1970 年 28 歲時，與索羅斯共同創立「量子基金」（Quantum Fund），10 年間賺足一生花用的財產，於 37 歲那年宣布退休。之後，騎摩托車橫越六大洲，並開車周遊 116 個國家，大約花了 5 年時間達成他環遊世界的夢想。

他從 1980 年代起即對中國市場進行深入研究並看好，故在 1999 年投資上海 B 股，獲得了巨大的成功。這位素有「華爾街金童」美譽的專家，曾被巴菲特稱為「對大勢的把握無人能及的投資大師」。

第十章

主力理論

股票若沒主力的拉抬不會飆漲，
不論主力是外資、投信還是公司派、業內，
你都必須洞悉他們的心態與手法，
才不會被他們玩弄於股掌之間。

所謂「主力」，是指在股票市場興風作浪、炒作哄抬，用盡方法把股價炒高後賣掉，然後再設法攔壓行情，把股價往下打，在低價時補回，從中賺得巨額差價的人。

至於「主力理論」，則是指洞悉主力的思考模式與操作手法，趁主力在低檔吃貨時，順利搭上轎，跟隨主力操作，賺取大筆差價的意思。

一般來說，主力操作一支股票大都包括：挑選標的、估算籌碼、外圍搭配、進貨、拉抬、洗盤、出貨等七個步驟，茲詳述於下：

主力操作步驟一：挑選標的

主力在挑選他即將拉抬的股票，必都經過深入的分析與縝密的規畫，雖不能說千中選一，但至少是百中選一，且具備下列四要件：

一、股本小

被主力選中的股票股本不會太大，因為股本太大的股票拉抬不易，若是花了九牛二虎之力，股價卻停

滯不動，非但不易引起追價買盤跟進，而且其炒作的風險相對增高，所以主力相中的股票其股本大都選在資本額 10 億以下者。

二、股性投機

每個人都有不同的性格，每支股票亦有不同的性格，有偏向穩健者，亦有偏向投機者。主力都會挑選小型投機股，此類股票雖然很少配股配息，然而若處在多頭行情，在主力的炒作與哄抬下，漲幅可觀，故頗受一些冒險型投資人的青睞。

三、炒作題材

事實上，一個高明的主力在挑選股票時，不會僅僅專注於小型（股本 10 億以下）投機（有飆漲的股性），而會同時兼顧其業績與產業特性。換言之，除了小型投機之外，還必須業績夠好（譬如說接到大訂單），或是挑那段期間當紅產業（譬如 2011 年的觸控面板）。某一檔觸控面板廠商就符合上述的諸多條件，股本不到 5 億元，是 2009 年才上市的新股，籌碼

安定，而 2011 年最夯的正是觸控面板，結果股價從 2011 年初的 50 元左右飆漲到 3 月中的 170 多元，漲了 3 倍多。

四、公司派的首肯

公司派指的是公司的大股東與董監事們。主力在炒作一支股票時，必定會事先與公司派說好，甚至說妥條件，以免被倒貨。在公司派同意之後，還可以配合公司發布好的業績，順勢拉抬股價。當然，若是公司的大股東自己就是主力時，那對於利多或利多消息以及籌碼的掌握就更為精準了。

主力操作步驟二：估算籌碼

挑妥標的之後，接下來的工作就是估算籌碼。主力在估算籌碼時，必須考慮下列三個要素：

一、精確估算市場浮額

上市櫃公司根據其資本額，依每股票面 10 元，發行一定數量的股票上市。以前述之觸控面板公司為例

來說，它的資本額為 4.6 億，每股面額 10 元，就有 4,600 萬股發行上市（每 1,000 股為一張，那麼總共就有 46,000 張）。這 46,000 張扣掉董監等大股東持股，剩下就是市場浮額。

二、避免與其他主力對做

主力在估算籌碼時，除了必須精確估算市場浮額之外，還必須留意這檔股票是否已經有其他主力在操作。所謂英雄所見略同，甲主力看上的股票，難保乙主力或丙主力也看上，故得弄清楚，以免誤上賊船，導致與其他主力對做，或淪為替人抬轎者，或變成其他主力出貨的對象。

三、精確估算吸納籌碼

到底主力在操作一檔股票的時候，要吸納多少籌碼才足夠呢？倘若吸納量不足的話，不但在拉抬作價時會出現捉襟見肘的窘狀，而且用摜壓股價來吃貨或洗盤時，非但達不到目的，手中的籌碼反而會被有心人士買走；倘若吸納量過多的話，不但會增加操作的

成本，也會造成日後出貨時的負擔。要兼顧上述的情況，一般說來，主力吸納的籌碼大都是市場浮額的三成左右。

主力操作步驟三：外圍搭配

主力炒作一檔股票，絕不可能孤軍作戰、一個人唱獨角戲，必須有外圍的配合，就像平劇中的生、旦、淨、末、丑各種角色都齊全了，才能把這齣戲唱成功。通常這些外圍分子包括：親朋好友、事業往來客戶、基金經理人、外資、自營商、金主、投顧老師以及民意代表與媒體記者等等。外圍的搭配，有下列三點好處：

一、主力擔綱，外圍密切配合。任何一檔股票的炒作，都必須有一些具實力的外圍前來共襄盛舉，以壯大聲勢。

二、主力在擬定作戰計畫之後，實力雄厚的外圍或是提供資金援助，或是配合大筆敲進鎖單，不但可以減輕主力拉抬的負擔，而且可以加強主力對股價漲

跌的駕御能力。

三、任何股票只有被炒熱、開始飆漲之後，才會引起市場的關注與投資人的介入。愈多的外圍前來抬轎，愈容易把一檔股票炒得火熱，也就是說愈多人上了車，就會呼朋引伴吸引更多的人前來搶進。此種一環拉一環的效果，促使股價往上飆漲。

主力操作步驟四：進貨

主力在完成或挑選標的、估算籌碼並且安排妥當外圍的搭配之後，接下來的工作就是進貨，亦即吃進先前精確算妥的籌碼。主力進貨的方式不外兩種，一是在市場上吃貨，二是向上市公司董監事商量同意後，鉅額轉讓。

一、在市場上吃貨

主力為了能在市場上吃到相對低檔的籌碼，都會利用媒體發布一些利空消息，同時利用手中持有的籌碼刻意摜壓，以達到壓低股價吃貨的目的。通常此種吃貨布局的時間長達 3 至 6 個月。

買股金鐘罩

市場的主力都是技術分析的高手，他們會挑選股市崩盤，整個人氣悲觀到極點的絕佳時機進貨。

二、向公司直接鉅額轉帳

倘若主力該次的炒作是與公司派攜手合作的話，就會直接與公司董監事商量同意後，轉讓一筆鉅額籌碼，作為操盤與控盤之用。

市場的主力都是技術分析的高手，不論用前述的何種方式進貨，他們都會挑選一個絕佳的時機：股市崩盤，整個人氣悲觀到極點之時。也就是艾略特波浪理論中第八波走到最後的底部區，那時正是主力進貨的好時機。

主力操作步驟五：拉抬

主力進完貨、吸足籌碼之後，會進行三個階段的拉抬，我說過，主力都是技術分析的高手，他們會順勢依循波浪理論中的第一波、第三波及第五波進行三個階段的拉抬。

主力事前都算好市場浮額數量，他們只要配合外圍鎖住籌碼，以減輕賣壓，股價就自然上漲。他們通常會買通新聞媒體，放出利多消息，利用業績良好、接獲大單、轉型成功、處理資產、現金增資、配股配

息等利多消息拉抬股價。

　　談到主力的拉抬，投資人要特別留意的是，主力有可能做三個階段的拉抬，也有可能只做兩個階段的拉抬；換言之，主力並不一定做一、二、三、四、五的五波段，而僅做一、二、三的三波。倘若主力僅做兩個階段的拉抬，而投資人誤認為主力會做三個階段的拉抬，這麼一來，投資人就會錯失第三波高點賣出的良機。

　　當然，投資人最穩當的做法是，不理會主力做兩個階段或三個階段的拉抬，當主力拉到第二個階段的高點即獲利了結，再來縱使有第三個階段的拉抬，還是留給別人賺。

主力操作步驟六：洗盤

　　一般來說，主力在操作一檔股票會進行兩個階段的洗盤，他們會順勢依循波浪理論中的第二波與第四波，進行兩個階段的洗盤。換言之，在這檔股票先走完第一波與第三波的漲幅之後，都會來一次回檔整理的洗盤。

主力為什麼要在股票上漲一段時間之後進行洗盤呢？除了要符合波浪理論之外，其目的有二：一是可以洗出底部區進場的第一批投資人，並吸引新的投資人介入，讓這些新投資人看見股價回跌，有低檔上車的機會，藉此把投資人的持股成本墊高，以利日後的出貨；二是藉由高出低進與上下沖洗，主力不但可賺到差價，亦能降低持股成本。

至於洗盤的方式不外下列三種：

一、高出低進法

這是最常見的洗盤方式，主力在高檔賣出後，隨即大力摜壓，故意製造恐慌性的賣壓，使信心不足的持股人害怕後殺出，接著主力再於低檔補回，用力拉抬。如此上下沖洗幾回後，主力不但達到洗清浮額的目的，而且賺到了差價。

二、定點洗盤法

通常股價跌到低檔、而主力手中籌碼尚不足以拉抬股價的時候，常會使用這個此手法。其特徵是股價

就在一個狹幅區間上下遊走，一副要死不活的樣子，
這個手法常常會把一些不耐久盤、信心不足的浮額清
洗乾淨。

三、跌停洗盤法

這是主力較激烈的洗盤手法，在主力操控下，這
檔股票並無重大利空，卻開盤就跌停，其目的在利用
持股人的恐懼心理，看到股價跌停害怕而殺出持股，
以便一舉吃盡浮額。當一檔股票好端端地竟然在開盤
時出現跌停，而且跌停掛出的量不大，接著出現密集
與連續的大單打開跌停，這就是主力跌停洗盤吃貨的
手法。

主力操作步驟七：出貨

大家都心知肚明，主力費盡千辛萬苦拉抬一檔股
票的最終目的就在出貨。出貨就是指出脫手中持有的
籌碼，獲利了解。

股市裡有句名言：「會買股票僅是徒弟，會賣股票
才是師父。」由此可知出貨要靠真本事，是一門大學

問。高明的主力都會順勢依循波浪理論中的第五波尾
端進行出貨，不過有些股票也會在波浪理論中的第三
波尾端進行出貨，這一點要特別留意。

至於主力出貨的方式，大約可分為下列三種：

一、拉高出貨法

當主力把一檔股票炒熱之後，人氣沸騰，造成欲
罷不能之勢時，都會採用拉高出貨法。主力在拉高出
貨前的一段時日，會故意震盪壓低股價吸引投資人買
進之後，隨即在尾盤強拉，讓每一次勇於買進的投資
人都會誤認，只要股價拉回、勇敢買進的話，都會有
利可圖。這麼來回幾次讓投資人因屢嚐甜頭而失去戒
心，最後主力就會利用一次震盪回檔，投資人大肆買
進時，大筆敲出，順利出貨。

二、壓低出貨法

主力炒作一檔股票，必定都有周密詳實的計畫，
也一定會有他預設的高點。當達到目標點之後，二話
不說，一路壓低出貨，股價則會呈現出持續下跌探底

的走勢。壓低出貨法，對主力而言，是最為乾淨俐落、爽快漂亮；但是對於套在高檔的投資人而言，卻是凶狠砍殺、心驚肉跳。而經過壓低出貨的股票，籌碼零亂，必須經過一段長時間的整理，才能夠再度被市場認同。

三、震盪出貨法

這是主力最高明的一種出貨方法，上下震盪，高出低進，這麼持續來來回回幾天，就把手中的籌碼處理完畢。因其操作手法與洗盤的高出低進非常相似，促使許多投資人誤認為主力在洗盤而跳入承接，結果慘遭套牢。若要分辨是洗盤還是出貨的最好方法，就是從月 K 線中找出其波浪的位置，若是在第二波與第四波，則很可能是在洗盤；若是在第三波與第五波的末升段，則很可能是在出貨。

主力操作的心態與習性

以上所談的是主力操作一檔股票的七個步驟，除此之外，主力還有一些心態與習性是投資人亦必須要

熟知的。

一、任何一檔股票的炒作都是用錢堆砌起來的，若非當時的當紅產業，業績不夠好，公司沒有大利多，主力不敢介入。

二、主力炒作一檔股票，絕不會兩、三個停板就結束，其幅度必定以倍數來計算，通常是起漲股價的兩、三倍或五、六倍甚至七、八倍。

三、在波浪理論第八波尾端，週 K 線若連續兩週出現大量，很可能是主力吃貨的舉動。

四、有主力介入的股票，在面臨前高或頸線等大壓力區時，會用長紅 K 棒或跳空的方式躍過，以展示其企圖心。

五、只有主力介入的股票，股價才會飆漲。

六、依經驗法則，主力出貨的量大約是其拉抬過程中最大的兩倍。

七、在炒作過程中，主力最在乎的是收盤價，從收盤即可看出有無主力在護盤或做價。其次，主力也會留意開盤價，那也是他的工作。

八、主力炒作並不是每一次都會成功，偶爾也會因對做或是其他的原因（譬如突發利空）而失敗，這時候他們會小虧走人，K線上就會出現跌破大支撐的現象。

買 股 金 鐘 罩

只有主力介入的股票，股價才會飆漲。

第十一章

選股理論

股票是投資工具,也是投機工具。
投資者愛績優股,投機者愛投機股,
投資與投機並存於股市,
分工互補,缺一不可。

在選股理論中，我並非要教導大家如何去選購股票，而是要大家知道從古至今，以至於到未來，市場永遠存在的兩個大類股：績優股與投機股。

投入股市，到底要選績優股還是投機股呢？

選績優股應有的認識

顧名思義，績優股是指業績優良的股票。這些公司營運良好，業績優異，在過去幾年中，都會固定配息或配股；展望未來幾年內，公司仍能維持穩定地成長及一定的投資報酬率。

也有人認為，績優股必須具備下列五要素：

一、必須是產業數一數二的正派龍頭股。

二、公司上市後獲利率多年來持續超過 10%。

三、獲利不但穩定而且能夠持續成長發展。

四、公司的獲利能力，永遠比同業優秀，景氣好時能大賺，景氣差也能小賺。

五、經營者的誠信卓著，正派經營，在業界具公信力。

依照上述條件，台灣上市公司的績優股大概有：台塑、台塑化、台化、台南企業、永信製藥、中碳、台積電、統一超商、鑽全、億光、中華電、台灣大、巨大、億豐等 14 檔股票。

投資人在買進績優股後不久，可能會對他們的表現失望。因為在一段上升行情中，這些績優股的漲幅與漲速往往都落後同類型的投機股很多；而且在一段下跌行情中，只不過比同類型的投機股抗跌一些或率先止跌罷了。

這也難怪有些投資人會屢屢自嘲說：「我買的績優股，是累積『憂愁』的股。」

這是對績優股的誤解。購買績優股的投資人，應該對績優股有下列的正確認識：

一、買績優股著眼於配股配息

買績優股的穩健型投資人，因為看中這些股票營運良好，每年都會配股配息，而且這些配股配息的利得高於銀行的存款利息，才會去積極買進。

投資人買股票若是著眼於價差，亦即著眼於一段

行情中的漲幅與漲速，那應該去選投機股而不應選績
優股。

二、績優股沒飆漲的條件

通常績優股股本龐大，不易拉抬，故沒有飆漲的
條件；而且會去買績優股的人，絕大部分是穩健型的
投資人以及法人機構，這些人大多運用本益比的概
念，當股價接近或低於合理本益比時買進、高於合理
本益比時即賣出，根本不會去哄抬或炒作股價，故無
飆漲的條件。

相反的，小型投機股股本小、股性投機，具備飆
漲的條件。

三、績優股須長期投資始見效益

買投機股比的是速度與幅度，漲得快，漲得凶，
速戰速決；買績優股比的是持續與耐力，長期配股配
息，股價漲得慢，必須多年甚至一、二十年的長期投
資始見複利效益，要求短期的漲幅與漲速是不合理的。

買投機股應有的認識

顧名思義，投機股是指業績差但經常急漲急跌的

股票。若干上市公司或因景氣循環來到低股，或因營運不良業績很差，在過去幾年中，由於盈餘甚少或是連連虧損，所以很少或從未配股配息，展望未來幾年之內乏善可陳。按理說，此類公司的股價應該不易上漲，但作手或利用景氣循環的空轉多，或利用股價循環正式走多頭行情時，藉著人為的炒作與哄抬，造成一大段的飆漲，此種股票即屬投機股。

投資人選擇投機股應該對它有下列的正確認識：

一、買投機股著眼於階段性價差

投資人購買投機股，最喜愛的是階段性的價差，若能掌握階段性空翻多或多翻空的轉折點，常有倍數性的高價差；此外，短線高手還能賺取當天來來回回、漲漲跌跌的價差

二、投機搶短，眼明手快

選擇投機股必須眼明手快，買進之後股價漲到預期目標，毫不猶豫，立即獲利了結；投機搶進之後，股價若不漲反跌，當跌過自己設定的停損點，壯士斷腕，立刻殺出。

三、必須具備一定的功力

買賣投機股要能賺錢，必須具備一定的功力。他們深諳道氏股價理論與艾略特波浪理論，研究過空間波與時間波的修正意義，研習過 K 線，深知 K 棒與形態所展現的多空力量，更摸透主力的操盤心態與成交量代表的多空走向。他們精通羅伯‧愛德華與約翰‧麥基的技術分析，熟讀過《股票作手回憶錄》。此一程度即我常說的初段高手。沒具備此種功力，買賣投機股賺不到錢。

筆者曾對購買績優股的投資者與購買投機股的投機者，在拙作《逮到底部，大膽進場》一書中做過精闢的比較，特摘錄於下：

● 投資者買的是績優股，投機者買的是投機股。
● 投資者重視的是股票的配股配息，投機者重視的是股票的價差。
● 投資者低買高賣，重視的是股價高低。投機者重視的是股價漲跌，只要是會繼續漲的股票，股價雖

高，照樣買進；再便宜的股票，研判不漲絕對不買。

●投資者因低買高賣，所以是在跌勢（空頭行情）中買進，在漲勢（多頭行情）中賣出；投機者則是漲勢（多頭行情）中買進，並在漲勢（多頭行情）中賣出，或是在跌勢（空頭行情）中先行賣出（放空），並在跌勢（空頭行情）中回補，因此高買高賣或低賣低買。

●投資者購買股票會從經濟景氣、資金、利率、匯率、經營者能力、公司財務報表、新產品問世、公司獲利能力等長期的基本面去考量，因此比較重視基本分析；投機者購買股票會從成交量大小、Ｋ棒與形態的力量、主力多空的心態、支撐與壓力、土地資產重估、股權相爭、董監改選、軋空與否等短期市場面去考量，因此比較重視技術分析。

●投資者長期持股必須忍受時間的煎熬，需要的是耐心；投機者短線進出必須眼明手快、藝高膽大，需要的是技巧。

●投資者先求資金的安穩，再求投資報酬；投機者主要追求最大投資報酬，再求資金的安穩。前者低

風險低報酬；後者高報酬，高風險。

●投資者低買高賣，做多不做空，只能一頭賺；投機者多空都做，兩頭賺。

●剛入股市，只會投資；投入多年，人人都想投機。

●股票是投資工具，也是投機工具。投資者愛績優股，投機者愛投機股，投資與投機並存於股市，分工互補，缺一不可。

附錄

圖 1　台股第一個循環

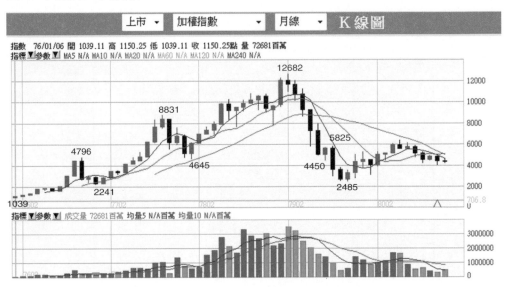

MoneyDJ理財網

圖 2　台股第二個循環

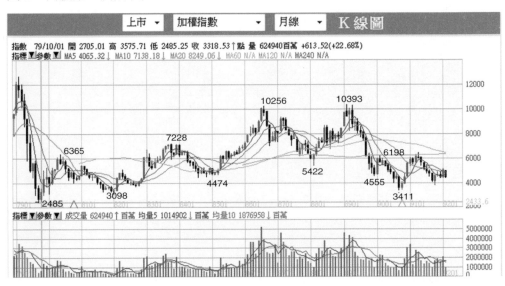

MoneyDJ理財網

圖3　台股第三個循環

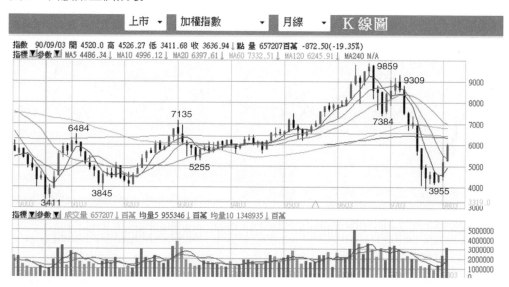

MoneyDJ理財網

圖 4　台股第四個循環（仍未走完）

MoneyDJ理財網

圖 5　第一次循環的次底部區 2241 點

圖 6　第二次循環的次底部區 3098 點

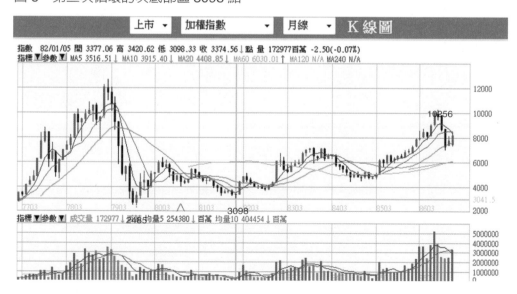

圖 7　第三次循環的次底部區 3845 點

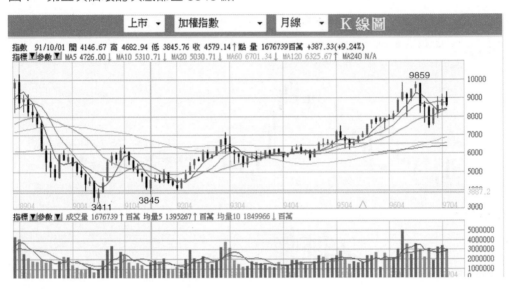

MoneyDJ理財網

圖 8　第四次循環的次底部區 6609 點

加權指數 (TSE)↑7072.08 12/01 ▲167.96 (+2.43%) 高:7199.26 低:6609.11 開:7132.41 量:14,952.4億

MoneyDJ理財網

圖 9　原始上升趨勢線與修正上升趨勢線

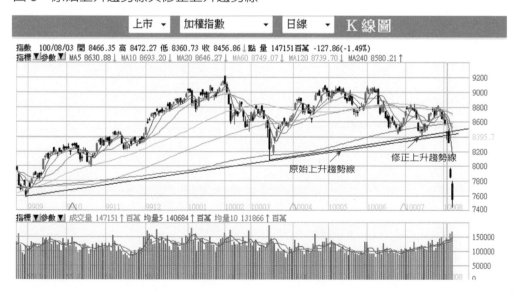

MoneyDJ理財網

223

圖 10　12682 點的成交量暴增

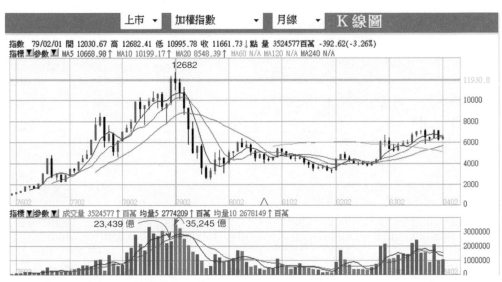

MoneyDJ理財網

圖 11　10256 點的成交量暴增

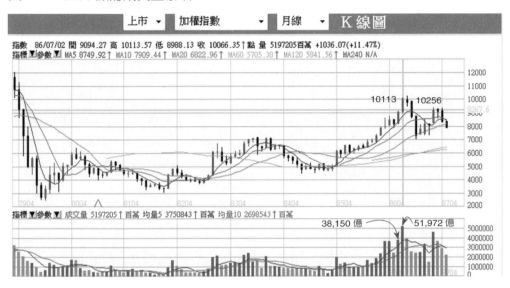

MoneyDJ理財網

圖 12　9859 點的成交量暴增

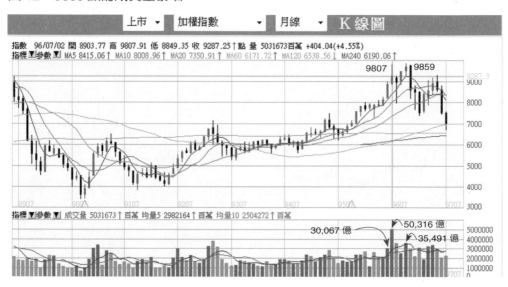

圖 13　最大量月 K 線的低點 10995 點

圖 14 　最大量月 K 線的低點 8988 點

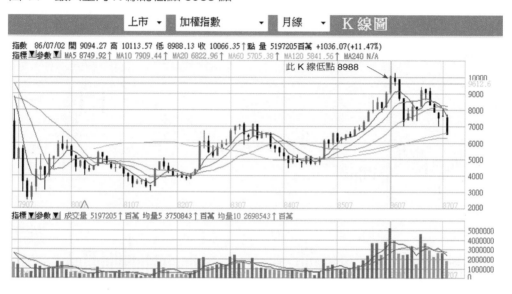

MoneyDJ理財網

圖 15　最大量月 K 線的低點 8849 點

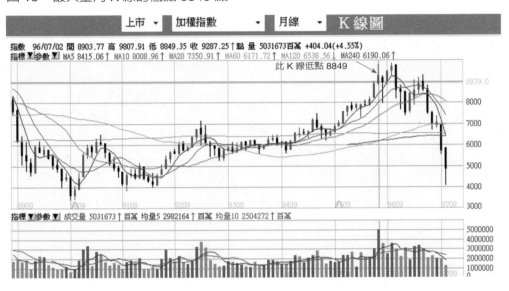

圖16　9859點下跌到3955點成交量大幅萎縮

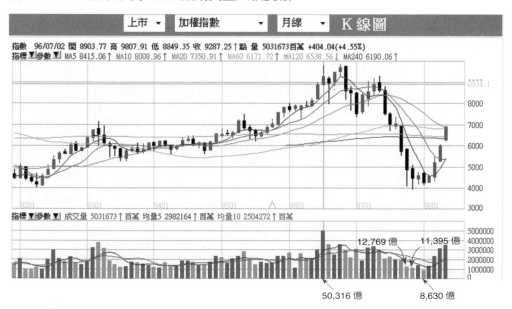

MoneyDJ理財網

圖 17　走完八波段之後出現的紅 K 線

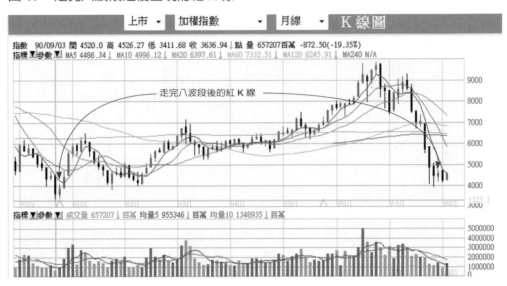

MoneyDJ理財網

圖 18　扇形理論中的三條下降趨勢線

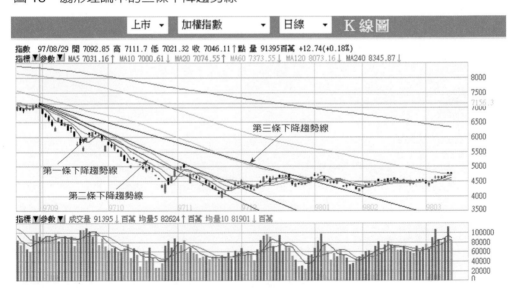

MoneyDJ理財網

圖 19　日 K 線完成頭肩底打底形態

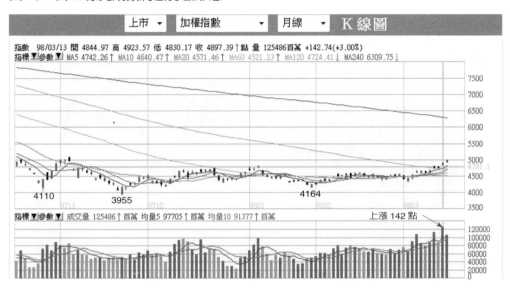

圖 20　2009 年 3 月月 KD 值在 20 附近黃金交叉

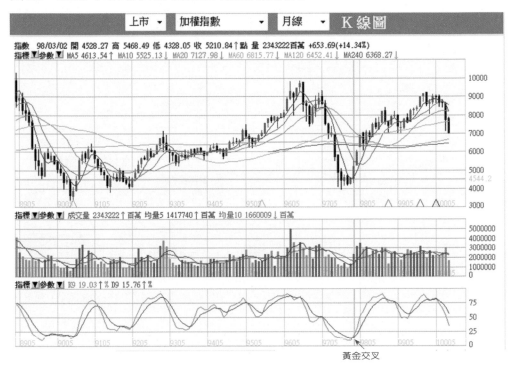

黃金交叉

MoneyDJ理財網